THÈSE POUR LE DOCTORAT

DE

L'OBLIGATION ALIMENTAIRE

SOUS LE

DROIT ROMAIN, LE DROIT COUTUMIER ET LE CODE CIVIL

PAR

Charles PIOLET

Avocat à la Cour d'appel de Douai.

DOUAI

L. CRÉPIN, ÉDITEUR

23, rue de la Madeleine, 23

1876.

DE L'OBLIGATION ALIMENTAIRE

SOUS LE DROIT ROMAIN, SOUS LE DROIT COUTUMIER ET LE CODE CIVIL

FACULTÉ DE DROIT DE DOUAI.

DE L'OBLIGATION ALIMENTAIRE

SOUS LE DROIT ROMAIN, SOUS LE DROIT COUTUMIER ET LE CODE CIVIL

THÈSE POUR LE DOCTORAT

Soutenue le 19 Juin 1876, à trois heures

PAR

Charles PIOLET,

AVOCAT A LA COUR D'APPEL DE DOUAI

Président : M. DANIEL DE FOLLEVILLE   } Professeurs.

Suffragants {   MM. TALON
                    LEFEBVRE
                    ESMEIN   } Agrégés
                    GUÉTAT   chargés de cours.
                    MAY

DOUAI

L. CRÉPIN, ÉDITEUR

IMPRIMEUR DE LA FACULTÉ DE DROIT

23, rue de la Madeleine, 23

1876

A MES PARENTS

———

A MES AMIS

DE L'OBLIGATION ALIMENTAIRE

EN

DROIT ROMAIN

PROLÉGOMÈNES

Au nombre des devoirs les plus sacrés qu'impose la famille, apparaît au premier rang l'obligation alimentaire. Dans les temps anciens comme de nos jours, ce pieux devoir de nourrir ses proches parents a été reconnu de tous. C'est qu'en effet il est inné dans le cœur de l'homme, et dicté par l'affection naturelle qui unit les membres d'une même famille : les père et mère savent que c'est un devoir pour eux de nourrir leurs enfants. Il y aurait contradiction dans les opérations de la nature, disait Cicéron, si, après avoir favorisé la procréation des êtres, elle n'imprimait aux cœurs des parents l'amour de ceux à qui ils ont donné le jour : « *Hæc inter se congruere non possunt, ut procreari quidem natura vellet, diligi autem creata non curaret.* » (*De finibus*, cap. XIX). L'enfant comprend de même, que par une juste réciprocité, il doit entourer la vieillesse ou le malheur de ses parents, des soins que ceux-ci lui ont prodigués dans sa jeunesse. Aussi ce saint devoir a-t-il été consacré par la loi divine et par la loi naturelle.

C'est la loi divine qui, dans ses commandements, ordonne aux enfants d'honorer leurs père et mère; c'est elle encore qui parle, quand le prophète Isaïe s'écrie (XLIX, 15) : *« Numquid oblivisci potest mulier infantem suum, ut non misereatur filio suo uteri »* ; une mère peut-elle oublier son enfant au point de n'avoir plus pitié du fruit de ses entrailles, de son fils malheureux !

La loi naturelle exprime partout les mêmes idées. L'homme, dit Cicéron, s'empresse de tout rechercher pour l'utilité et la nourriture de sa femme, de ses enfants, ainsi que de tous ceux qu'il chérit et doit protéger : *« Student parare ea quæ suppeditent et ad victum conjugi, liberis cæterisque quos caros habeat tuerique debeat. »* (*De officiis*, lib. I, cap. I).

Dans ses Instituts (liv. I, tit. II), Justinien place l'éducation des enfants au nombre des devoirs que la nature a dictés à tous les êtres.

Les législations adoptèrent ces principes de la loi divine et de la loi naturelle, et le droit romain établit l'obligation alimentaire entre les parents et leurs enfants. Il ne restreignit même point à ces personnes l'obligation de se fournir des aliments : elle fut reconnue entre les époux, entre les frères et sœurs, entre le patron et ses affranchis.

Pour traiter d'une façon aussi complète que possible l'obligation alimentaire en droit romain, je partagerai mon sujet en six chapitres; et comme le meilleur ordre à suivre est toujours le plus logique, je les classerai suivant l'ordre qu'indique la logique naturelle des choses. Ainsi la première question qui se présente à l'esprit, au début de cette étude, est celle de savoir dans quels cas l'obligation alimentaire peut prendre naissance, et quel est son objet ; la réponse à cette question complexe fournira la matière d'un premier chapitre. Puis viendra l'examen approfondi des personnes entre lesquelles existe l'obligation alimentaire ; je viens d'en citer quelques-unes, car dans mon premier chapitre il m'arrivera parfois de faire allusion à l'obligation alimentaire entre parents et enfants, entre époux, entre frères et sœurs, entre patrons et affranchis, me réservant de prouver par des textes, dans mon deuxième chapitre, l'existence de l'obligation alimentaire entre ces personnes. Dans le troisième chapitre, je rechercherai l'ordre suivant lequel les différents débiteurs alimentaires sont tenus de fournir les aliments ; un quatrième chapitre fera connaître les caractères de l'obligation alimentaire ; j'examinerai dans le cinquième les questions qui peuvent se présenter quant à la répétition des aliments ; et dans le sixième et dernier chapitre, j'indiquerai la procédure à suivre en pareille matière.

Enfin, après avoir approfondi ce qui concerne *les aliments dus par la disposition de la loi*, j'aborderai, dans un **Appendice**, quelques points intérassants relatifs aux *aliments dus par la disposition de l'homme*.

Voici donc quelle sera la

DIVISION DU SUJET :

Chapitre I. Dans quels cas l'obligation alimentaire peut prendre naissance ; — son objet et son étendue.

Chapitre II. Des sources de l'obligation alimentaire.

Chapitre III. Ordre à suivre entre les différents débiteurs alimentaires.

<hr>

CHAPITRE PREMIER

Dans quels cas l'obligation alimentaire peut prendre naissance ; son objet et son étendue.

SOMMAIRE :

§ I. *Dans quels cas l'obligation alimentaire peut prendre naissance.*

1. Les aliments ne sont dus qu'à celui qui ne peut pourvoir à ses besoins par son travail ou ses ressources personnelles.
2. Ils ne sont accordés que lorsque le débiteur d'aliments est en état de les fournir.
3. La seule insuffisance des revenus ne constitue pas le besoin.
4. L'obligation alimentaire cesse vis-à-vis de celui qui se trouve dans un cas d'exhérédation.
5. Même en dehors des cas d'exhérédation, le créancier alimentaire peut encore perdre son droit aux aliments.

§ II. *Objet et étendue de l'obligation alimentaire.*

6. Que comprend, en droit romain, le mot *aliments* ?
7. Suite : comprend-il la culture de l'esprit, l'étude des arts libéraux ? — Opinion de M. de Savigny.
8. La prestation alimentaire est proportionnée aux besoins de l'ayant-droit, et aux ressources du débiteur alimentaire.
9. L'obligation de fournir des aliments n'emporte point l'obligation de payer les dettes du créancier alimentaire.
10. Les modes de prestation des aliments sont laissés à l'arbitrage du juge.

§ I.

1. — Le droit romain, en établissant entre certaines personnes l'obligation alimentaire, la subordonne au besoin de l'ayant-droit aux aliments. Or, ce besoin n'existe que lorsque l'on est hors d'état de pourvoir à sa subsistance par ses biens, par son travail ou son industrie. Celui-là n'est pas dans le besoin, qui par son travail ou son industrie, peut se procurer des aliments; la loi romaine, en édictant l'obligation alimentaire, ne pouvait donner une prime à la paresse. Un fils, par exemple, a-t-il les moyens de subvenir à ses besoins: il n'a pas droit à des aliments; a-t-il un état et une santé qui lui permettent de travailler: il ne sera point écouté dans sa demande en pension alimentaire (L. 5, § 7, Dig., *De agnosc. et alendis liberis*). De même un ascendant qui peut encore travailler, ne sera point admis à réclamer des aliments à ses descendants ; il n'en obtiendra que s'il vient à tomber dans la misère « *Si inopia certitus.* » (L. 8, § 5. Dig., *De bonis quæ liberis*). Mais dans ce dernier cas, naturellement, les circonstances de nature à faire admettre la demande d'aliments seront plus nombreuses, car nous sommes en présence d'un ascendant souvent déjà avancé en âge, dont les forces sont diminuées et la santé altérée. Le patron aussi, qui a le droit de demander des aliments à son affranchi, ainsi que je le montrerai plus loin, ne pourra en obtenir que dans le cas de misère ou de maladie « *Egentbus patronis* », dit la loi 5, § 19, Dig., *De agnosc. et alendis liberis; nisi si tam esse infirmos, tamque pauperes præsidibus probacerint, ut merito menstruis alimentis a libertis suis adjurari debeant* », dit aussi la loi 9 au même titre.

2. — Ainsi la première condition pour que l'obligation alimentaire puisse prendre naissance, c'est le besoin de l'ayant-droit aux aliments; mais il y en a une seconde pour que sa demande puisse aboutir : il faut que le débiteur alimentaire soit dans la possibilité d'en fournir. C'est ce qu'indique d'une façon très-explicite la loi 2, au Code, *De alendis liberis* : « *Compelens judex a filio te ali jubebit si in eâ facultate est, ut tibi alimenta praestare possit.* »

3. — Mais, pour constituer le besoin, faut-il un manque absolu de biens en capital, ou seulement l'insuffisance des revenus ? Si j'élève ici cette question, c'est que Voet, *ad Pandectas*, *Commentaire du liv.* xxv, *tit.* III, §§ 15 et 16, semble admettre pour les enfants le droit à une pension alimentaire, si les revenus de leurs biens adventices ne leur suffisent pas. A l'appui de son assertion, il invoque les lois 58, Dig., *De heredit. petitione*, et 34, Dig., *De negot. gestis.* Mais je ne vois rien dans ces textes, qui puisse confirmer l'opinion de Voet. En effet, dans le premier des textes précités, la loi 58, il s'agit de biens qu'une mère en mourant a laissés à son fils. Sur ces biens, le père a fait des dépenses *in honorem filii.* Or, loin que ces dépenses puissent être laissées au compte du père comme une sorte de supplément à la fortune de son fils, le jurisconsulte Scœvola décide qu'elles seront imputées sur les biens de la succession, qui appartiennent au fils. Et cette solution est pleinement confirmée par la loi 45 *in pr.* Dig., *De negot. gestis.* Dans le second des textes invoqués par Voet, il est question d'aliments que de son vivant une aïeule à fournis à son petit-fils, et d'une contestation au sujet de la répétition de ces aliments entre les héritiers respectifs que ces deux personnes ont

laissés en mourant. Or, de deux choses l'une: ou bien l'aïeule a fait des prestations dans l'intention de les répéter, et alors elles ne sauraient être considérées comme le paiement d'une dette alimentaire, mais comme un prêt; ou bien l'aïeule a fait des dépenses pour son petit-fils par affection pour lui; mais ici c'est une véritable libéralité, et il ne s'agit pas du tout de dette alimentaire dans le véritable sens du mot: « *nec enim (nepotem) desiderasse ut decernerentur alimenta aut decreta essent.* » Quant à voir dans les dépenses de l'aïeule pour son petit-fils un supplément à l'insuffisance des biens de celui-ci, il n'en est pas question, et le jurisconsulte Paul me paraît écarter complétement cette idée, en terminant l'exposé de la controverse par ces mots: « *Illud nequaquam admittendum puto, ut de utroque patrimonio erogata videantur.* »

D'ailleurs, les termes que la loi emploie pour qualifier le besoin, et que j'ai cités à la fin de mon premier numéro, ne laissent aucun doute sur ce point, il faut être *egens* ou *infirmus et pauper*, pour avoir droit aux aliments; or, telle n'est pas du tout la situation de celui dont les revenus sont insuffisants.

4. — Même entre personnes qui se doivent des aliments, et qui sont dans les conditions prescrites pour en obtenir, l'obligation alimentaire peut cesser : c'est ce qui a lieu quand l'ayant-droit aux aliments s'est rendu coupable vis-à-vis du débiteur alimentaire, d'un de ces actes qui peuvent entraîner l'exhérédation; c'est là, ce me semble, une conséquence qui découle directement de la loi 4, au Code, *De alendis liberis.* Sous Justinien, nous trouvons ces différents cas énumérés dans la novelle 115, cap. 3 et 4. La loi 5, § 11, Dig., *De agnosc et*

alend. liberis, cite à titre d'exemple le cas où un fils s'est fait le délateur de son père.

5. — Mais faut-il restreindre aux actes seuls qui entraînent l'exhérédation les cas ou l'obligation alimentaire peut cesser? Je ne le crois pas; et j'invoque à l'appui de mon opinion, la loi 4, au Code, *De alendis liberis*. Cette loi dit d'une façon générale, que le père ne peut refuser d'aliments à son fils, si celui-ci n'a point manqué à ses devoirs envers lui; d'où, par à contrario, le père est en droit de les refuser, si son fils l'a gravement offensé. De plus, la loi 5, § 11, Dig., *De agnosc. et alend. liberis* me parait laisser au juge un pouvoir d'appréciation très-étendu quant aux cas de refus d'aliments : « *idem judex*, y est-il dit, *œstimare debet num habeat aliquid parens, vel an pater, quod merito filios suos nolit alere.* » Prenons quelques exemples : que déciderons-nous, si l'enfant a dépensé follement l'argent que son père lui a donné pour lui tenir lieu d'aliments? *quid*, si le père a assigné à son enfant une part dans ses biens, part qu'il a dissipée? *quid*, enfin, si l'enfant a reçu de son père la valeur de sa légitime, comme acquit de son obligation alimentaire?

Sans doute, dans ces hypothèses, comme dans tous les cas autres que ceux d'exhérédation, j'admets qu'en principe l'obligation alimentaire ne cesse pas; l'opinion contraire serait trop rigoureuse, et oublierait la loi 4, Dig., *De agnosc. et alend. liberis* : « *necare videtur qui alimenta denegat.* » Ainsi je ne crois pas qu'il faille toujours suivre l'opinion de Donneau, *De jure civili*, *lic.* XII, *cap.* IV, §§ 0 *et suiv.*, qui, sur le premier exemple que je viens de donner ci-dessus, dit que le père n'est pas tenu de faire de nouvelles prestations alimentaires, parce

que la faute du fils doit nuire à son auteur, et non au
père ; et, de plus, parce que nous ne sommes tenus de
satisfaire qu'une fois à nos obligations (L. 18. Dig., *De
verb. oblig.)* A ces raisons, en effet, je réponds que le
père devait se méfier de la prodigalité de son enfant ;
et à l'argument tiré de la loi 18, Dig., *De verb. oblig.*,
j'oppose que s'il est probant pour les obligations civiles,
il cesse de l'être pour les obligations dérivant des liens
du sang comme la dette alimentaire. En vain dit-on que
cette obligation est civile en même temps que naturelle ;
à cela je réplique : « Quando concurrunt causa naturalis
et civilis, sinet dubio persuadet naturalis tanquam po-
tentior. »

Je ne veux donc point étendre outre mesure les cas
ou doit cesser l'obligation alimentaire ; mais ce que je
prétends, c'est que les cas d'exhérédation ne sont pas les
seuls dans lesquels l'obligation alimentaire puisse cesser :
les textes que j'ai cités ci-dessus (L. 5, § 1, Dig., *De
agnosc. et alend liberis*, et L. 4, C, *De alend liberis)* ne
me paraissent nullement limitatifs, et me semblent, au
contraire, réserver au juge les pouvoirs d'appréciation
les plus étendus pour refuser des aliments, même en
en dehors des cas d'exhérédation, et, par exemple, suivant
les circonstances, dans les hypothèses que j'ai indiquées
précédemment.

§ II.

6. — Le mot *aliments*, pris dans son sens ordinaire,
ne désigne que les vivres et la boisson ; mais on lui donne,
en droit, une signification plus étendue. Il désigne alors
les moyens de satisfaire les besoins du corps, la protection

contre la faim, le froid et la maladie, c'est-à-dire la nourriture, les remèdes, les vêtements et l'habitation : « *Verbo victus continentur quæ esui, potuique cultuique corporis, quæque ad vivendum homini necessaria sunt Vestem quoque victus habere vicem, Labeo ait* (L. 43, Dig., *De verbor. signif.*); *et cætera quibus tuendi, curandice corporis nostri gratiâ utimur, eâ appellatione significantur* (L. 44, Dig., *eod. tit*).

7. — Cette signification, telle qu'elle est donnée par les lois que je viens de citer, me semble exclure de la dette alimentaire, tout autre ordre d'idées, notamment ce qui tient aux jouissances intellectuelles et à la culture de l'esprit. La loi 6, Dig., *De alimentis vel cibar. leg.*, qui interprète les dispositions d'un legs d'aliments, vient confirmer ce sens, en disant : « *cætera quæ ad disciplinam pertinent, legato non continentur* ». Donneau exprime exactement la même opinion (*De jure civili*, liv. xii, cap. iv, §§ 9 et suiv.)

Cependant M. de Savigny, *Traité de droit romain*, t. ii, chap. ii, page 118, dit que le mot *aliments*, en matière d'obligation légale, est pris dans un sens plus large que lorsqu'il s'agit d'un legs d'aliments, et comprend la culture de l'esprit. On a toujours une tendance à interpréter les monuments législatifs du droit ancien dans le sens de sa loi actuelle ; peut-être M. de Savigny a-t-il cru retrouver dans le § 12 de la loi 5, Dig., *De agnosc. et alend. liberis*, une disposition législative de son pays. Le code Frédéric, t. i, part. i, liv. ii, tit. 6, § 9, p. 253, porte, en effet : « On entend par *aliments* tout ce qui est nécessaire à la conservation des enfants, savoir : nourriture, vêtements, logement, remèdes dans la maladie, dépenses pour apprendre à écrire, à lire, à compter, instruction dans la religion, études. »

Je ne crois pas que l'on puisse ainsi faire rentrer dans l'obligation alimentaire, la culture de l'esprit, l'étude des arts libéraux; ce serait forcer le sens des lois que j'ai indiquées au numéro précédent, pour déterminer l'étendue de la dette d'aliments.

Mais l'obligation alimentaire n'est pas le seul devoir dont les parents soient tenus envers leurs enfants : il y a, en outre, pour eux, tant que les enfants ne sont pas élevés, un *devoir d'éducation* qui vient se juxtaposer au premier, et accroître d'autant l'obligation alimentaire.

Cette idée m'est suggérée par les textes mêmes : c'est d'abord la loi 5, § 12, Dig., *De agnosc. et alend. liberis*, qui oblige le père à fournir *non tantùm alimenta, verum etiam cœtera quoque onera liberorum*; c'est encore la loi 3, C., *De alend. liberis*, qui, statuant sur l'obligation alimentaire vis-à-vis d'un enfant, parle ensuite de l'éducation à lui donner : idem (judex) *an apud eum (patrem) educari debeat, œstimabit.* » Cette éducation variera nécessairement suivant les positions des parents : pour certains enfants, elle consistera dans l'étude des arts libéraux, pour les autres, dans l'apprentissage d'un état.

Je tire, en faveur de mon opinion, un argument de ce qui a lieu en matière de tutelle : les tuteurs sont donnés non-seulement aux biens, mais encore à la personne, c'est-à-dire qu'ils tiennent lieu de parents à l'enfant. Or, les lois 12, § 3, Dig., *De admin. et peric. tutor.*; 4, Dig., *Ubi pupillus educ.*; 6, § 5, Dig., *De carb. edict.*, supposent que les pupilles ont le droit d'exiger de leur tuteur non-seulement des aliments, mais *studia*. Ces textes, il faut le remarquer, ne font pas des applications de l'obligation alimentaire, puisque les obligés ici sont des tuteurs, peut-être non parents du pupille, et qui ne doivent à ce dernier l'éducation et l'instruction qu'en raison de leur qualité de tuteurs; mais ils montrent, par analogie, que les père et mère dont les tuteurs ne sont en quelque sorte que les remplaçants, sont tenus, outre le devoir alimentaire, d'un devoir d'éducation. C'est ce dernier devoir, dont le mode d'accomplissement est laissé à l'appréciation des parents par la loi même « *cætera quoque onera liberorum* », qui comprend, suivant la position des parents, la culture de l'esprit, l'étude des arts libéraux, qu'on ne saurait, je le répète, faire rentrer dans l'obligation alimentaire.

Toutefois, tandis que cette dernière obligation dure tant que le besoin peut se produire, c'est-à-dire toute la vie de l'ayant-droit, le devoir d'éducation ne dure que jusqu'à l'âge où l'enfant est élevé. Faut-il fixer cette limite à l'âge de la puberté, c'est-à-dire à l'âge de 14 ans pour les hommes, et 12 ans pour les femmes? Il serait, je crois, plus équitable d'étendre, en ce qui concerne le devoir d'éducation, la disposition que nous trouvons écrite pour le legs d'aliments : l'empereur Adrien décidait, en effet, que dans le cas de legs d'aliments, la puberté serait reculée jusqu'à 18 ans pour les hommes, et 14 ans pour les femmes *pietatis intuitu* (L. 14, § 1, Dig., De *alim. vel cibar. leg.*)

8. — J'ai montré dans mon § 1, que la prestation alimentaire est subordonnée au besoin du demandeur et à la possibilité pour le débiteur, de la fournir. Le juge, s'il est besoin d'y recourir pour obtenir des aliments, devra donc examiner si ces deux conditions existent, pour ordonner la prestation alimentaire. Puis, il aura une seconde question à résoudre : quel sera le montant, le

quantum de la prestation ! il donnera la réponse à cette question, en comparant le besoin du demandeur avec les ressources du défendeur : « *Cùm ex æquitate hæc res descendat, caritateque sanguinis, singulorum desideria perpendere judicem oportet.* (L. 5, § 2, Dig., *De agnosc. et alend. liberis*). La prestation alimentaire devra donc être proportionnée aux besoins de l'ayant-droit et à la fortune du débiteur alimentaire « *pro modo facultatum.* » (L. 5, §§ 7, 10, 19, 25, Dig., *De agnosc. et alend liberis*; L. 3, C., (*De alend. liberis.*) Il suit de là que tant que ces derniers resteront dans la même position, l'un dans l'indigence, l'autre dans l'aisance, la dette alimentaire continuera d'exister, et restera fixée à la même quotité : « *Quæ tamdiù præstabuntur quamdiù liberto supersit, patrono desit.* » (L. 5, § 25, Dig., *De agnosc. et alend. liberis.*)

Mais si les besoins de l'ayant-droit aux aliments venaient à diminuer, ou la fortune du débiteur alimentaire à décroître ; ou bien encore si le bénéficiaire des aliments, par suite de succession ou donation, arrivait à n'être plus dans le besoin, ou si le débiteur alimentaire perdait sa fortune, il y aurait lieu à une réduction ou à une décharge de la dette alimentaire. Par contre, je crois qu'il y aurait lieu à augmentation de la prestation, si les besoins du demandeur en aliments avaient augmenté, ou si la fortune du débiteur avait reçu un notable accroissement. Ces conséquences me paraissent découler du grand principe d'équité qui domine toute la matière de l'obligation alimentaire en droit romain, et de la loi 5, §§ 2 et 25, Dig., *De agnosc et alend. liberis.*

9. — L'obligation de fournir des aliments emporte-t-elle l'obligation de payer les dettes de celui à qui les

aliments sont dus? Non, assurément : les lois 5 , § 16, Dig., *De agnosc et alend liberis; 4, C., Ne filius pro patre,* disent expressément que l'enfant n'est pas tenu de payer les dettes de son père ; et les père et mère ne sont pas tenus non plus de payer les dettes contractées par leur fils ; en effet, la loi 4, au Code, *Ne uxor pro marito,* déclare expressément que la mère n'est pas tenue de payer les dettes de son fils.

Obliger le débiteur d'aliments à payer les dettes de celui qui a droit à une prestation alimentaire, ce serait dénaturer complétement l'obligation alimentaire. Cependant, si les dettes avaient été contractées pour besoins alimentaires, le juge pourrait, je crois, *pietatis intuitu,* condamner le débiteur d'aliments à les payer. En effet, l'obligation alimentaire existe, même avant que la prestation n'ait été ordonnée par le juge. Celui-ci ne fait que la reconnaître, et sanctionner par l'autorité de sa décision, un droit qui existait déjà en vertu de la loi, au profit du bénéficiaire d'aliments.

10. — Quant à la question de savoir comment les aliments doivent être fournis, elle est laissée à l'arbitrage du juge. Ils le seront ordinairement au moyen d'une somme d'argent, et les prestations, suivant que le juge l'ordonnera d'après l'équité, pourront être soit annuelles, soit mensuelles. (L. 0, Dig., *De agnosc. et alend. liberis;* L. 6, Dig., *De cessione bonorum.*)

CHAPITRE II.

Des sources de l'obligation alimentaire.

SOMMAIRE :

11. *Première source de l'obligation alimentaire : la paternité et la maternité légitimes. Le père doit des aliments à ses enfants légitimes et légitimés.*

12. Suite : La mère est tenue de la même obligation.

13. Elle incombe aussi aux aïeuls paternels et maternels vis-à-vis d'un petit-fils né en *justis nuptis* de leur enfant légitime.

14. *Deuxième source de l'obligation alimentaire : la filiation légitime.*

15. L'obligation alimentaire dérivant des liens du sang, continue d'exister pour l'enfant vis-à-vis de son père banni.

16. Le fils militaire est aussi tenu de la dette alimentaire envers ses père et mère.

17. Cette obligation existe pour les enfants vis-à-vis de leurs ascendants légitimes autres que père et mère.

18. *Troisième source de l'obligation alimentaire : l'adoption (soit avant, soit depuis Justinien).*

19. *Quatrième source de l'obligation alimentaire : la paternité et la maternité naturelles* (sauf distinctions). Le père naturel ne doit des aliments à ses enfants issus du concubinat qu'à partir de Justinien).

20. Suite : la mère, au contraire, a toujours été tenue de la dette alimentaire vis-à-vis de ses enfants naturels.

21. Les aïeuls paternels doivent-ils des aliments à leurs petits-enfants naturels ?

22. Les aïeuls maternels doivent des aliments à leurs petits-enfants naturels.

23. *Cinquième source de l'obligation alimentaire : la filiation naturelle (sauf distinctions).*

24. La paternité, la maternité et la filiation adultérines ou incestueuses sont-elles, en droit romain, des sources de l'obligation alimentaire ? Solution négative ; critique de cette législation.

25 *Sixième source de l'obligation alimentaire : la parenté entre frères et sœurs.*

26. Le droit romain n'impose pas l'obligation alimentaire aux parents plus éloignés que les frères et sœurs.

27. *Septième source de l'obligation alimentaire : les justes noces. Cette obligation est réciproque entre époux.*

28. *Venter pregnans alendus est.*

29. Application de l'édit Carbonnien.

30. *Huitième source de l'obligation alimentaire : l'alliance.*

31. *Neuvième source de l'obligation alimentaire : l'affranchissement.*

32. Obligation alimentaire du patron vis-à-vis de l'affranchi ; sa sanction.

11. — *Première source de l'obligation alimentaire : la paternité et la maternité légitimes.* — La raison nous dit que celui qui a donné le jour à un être, doit lui fournir ce qui lui est nécessaire pour les besoins de la vie : c'est une obligation naturelle que la naissance d'un enfant impose à ses parents, et à laquelle le droit romain a donné une sanction civile : « *Ipsum autem filium, vel filiam, filios vel filias, et deinceps alere patri necesse est, propter ipsam naturam.* » (L. 8, § 5, C. *De bonis quæ liberis*). Le père doit des aliments non-seulement aux enfants légitimes qui sont sous sa puissance, mais encore à ceux qui sont devenus *sui juris* par l'émancipation ou toute autre cause. (L. 5, § 1, Dig., *De agnosc. et alend liberis*). Du temps de Gaius, par exemple, le fils de famille devenait *sui juris*, dans le cas où *jussu parentis*, il passait dans une colonie latine dont il devenait citoyen ; dans le cas où il devenait Flamine (§ § 130 et 131, *Com.* 1, Gaius). A l'époque de Justinien, la dignité de patrice libérait le fils de la puissance paternelle, et le rendait *sui juris*. (Inst. de Justinien, § 4. *Quibus modis jus potestatis solvitur.*)

C'est qu'en effet, l'obligation alimentaire ne dérive point de la puissance paternelle, mais des liens du sang ; or l'émancipation, si elle enlève les bénéfices dérivant du droit civil, est impuissante à briser les liens du sang ;

« *Jura sanguinis nullo jure civili dirimi possunt.* » (L. 8,
Dig., *De regulis juris*). Aussi le père devrait-il des
aliments même à son fils privé de la cité.

Le père doit aussi des aliments à ses enfants légitimés,
car ceux-ci ont tous les droits des enfants légitimes :
« *nihil dissimilis legitimis (ille)* », dit la Novelle 89,
Cap. II et III.

12. — La mère doit-elle aussi des aliments à ses
enfants légitimes? Le droit naturel répond à cette question
de la façon la plus affirmative, car à la mère de même
qu'au père, on peut appliquer ces paroles de Grotius
(lib. II, cap. VII, N° 5) : « *Qui causa est ut homo existat, is
tenetur ei prospicere de his quæ ad vitam humanam sunt
necessaria.* » Aussi le droit romain a-t-il sanctionné
cette obligation dans la loi 5, §§ 3, 4 et 14, Dig., *De
agnosc. et alend liberis*, de même que dans la loi 14, C.,
De jure dotium.

13. — Les aïeuls paternels et maternels doivent aussi
des aliments à leurs petits-enfants nés *ex justis nuptiis*
de leur enfant légitime : la loi 5, § 2 Dig., *De agnosc. et
alend liberis*, ne laisse aucun doute sur ce point, et la
Novelle 117, cap. VII, confirme pleinement cette disposition.

Il est bon de faire ici une remarque: lorsqu'un enfant
avait ainsi des aïeuls, son action alimentaire contre son
père encore *in potestate* ne pouvait aboutir, que si ce
dernier possédait soit un pécule castrens, ou quasi-castrens
soit un pécule adventice. Nous savons, en effet, que toutes
les acquisitions faites par le *filiusfamilias* sont acquises
au *paterfamilias*; or, si le père *in potestate* ne possède
aucun des pécules susindiqués, il se trouve n'avoir aucun
bien à lui propre, et, par suite, hors d'état de satisfaire
à l'obligation alimentaire.

14. — *Deuxième source de l'obligation alimentaire : la filiation légitime.* — L'enfant est uni à ses parents par les liens les plus étroits du sang et de la reconnaissance, et c'est pour lui une obligation sacrée que de leur fournir des aliments, lorsqu'ils sont dans le besoin : *Alimenta parentibus non præstant, sed reddunt.* Ce n'est point un bienfait de la part des enfants, dit Quintilien, *Déclamation V*, de donner la nourriture à leurs père et mère; ce serait un crime de la leur refuser : « *Non est beneficium quod pascitis, sed et facinus quod negatis.* »

En Egypte, il existait une coutume fort curieuse dont nous parle Pomponius Méla, lib. 1, *De situ orbis* ix : les fils n'étaient pas tenus de nourrir leurs père et mère; la charge incombait aux filles : *Parentes quum egent, illis (feminis) necesse, his (filiis) liberum est alere.*

A Athènes, l'enfant était obligé, sous peine de prison, de nourrir son père tombé dans l'indigence.

A Rome, le droit civil imposait aussi aux enfants l'obligation alimentaire vis-à-vis de leurs père et mère légitimes : cela résulte de la loi 5, § 1, Dig., *De agnosc. et alend. liberis*, et des lois 1 et 2, C., *De alendis liberis*. Les textes qui ont trait à l'obligation alimentaire des enfants envers leurs parents, parlent le plus souvent du fils seul; mais il n'en est pas moins certain que la fille devait aussi des aliments à ses père et mère : la loi 5, au Code, *De patriâ potest*, ne laisse aucun doute sur ce point.

L'obligation alimentaire dérivant des liens du sang, peu importait que les enfants fussent en puissance ou non, impubères ou plus âgés (L. 1, § 4, Dig., *De tutelæ et rat distrah.*; L. 5, § 13, Dig., *De agnosc. et alend liberis*), elle ne cessait pas non plus, par suite des fautes que pouvait commettre leur père ; ainsi les enfants légitimes dont le père se rendait coupable d'adultère ou d'inceste, devaient néanmoins « *pascere eum* », car, comme disent les textes, « *licet legum contemptor et impius sit, tamen pater est.* » (Novelle, XII, cap. II).

15. — J'ai dit au numéro 11, que le père doit des aliments à son fils privé de la cité ; j'estime également qu'un fils doit des aliments à son père banni, contrairement à l'opinion exprimée par M. de Savigny, *Traité de droit romain*, t. II, chap. II, p. 118. On objecte que le bannissement brise la puissance paternelle, et que l'interdiction de l'eau et du feu impose à tout le monde le devoir de ne pas fournir d'aliments à l'individu banni, pour le forcer de quitter Rome, en lui coupant les vivres ; or, ajoute-t-on, un fils qui nourrirait son père condamné à la déportation, violerait ce devoir public.

A cela, je réponds : 1° que l'obligation alimentaire dérive, non pas de la puissance paternelle, mais des liens du sang, et qu'elle existe entre le père et l'enfant sorti de sa puissance (L. 5, §§ 1 et 13, Dig., *De agnosc. et alend liberis*).

2° La loi 73, § 1, Dig., *De jure dotium*, me fournit un argument de texte tout-à-fait péremptoire : elle prévoit expressément, en effet, le cas où une femme fournit des aliments à son père « *in exsilium* ou *in insulam relegato.* »

3° Je puis citer encore la loi 8, Dig., *De capite minutis*, qui déclare que les obligations dérivant du droit naturel ne peuvent périr par suite d'une *capitis deminutio*, et la loi 8, Dig., *De regulis juris*, qui dit de la façon la plus formelle : « *jura sanguinis nullo jure civili dirimi possunt.* »

4° Enfin, je puis tirer un argument d'analogie de la Novelle 12, cap. II, et dire pour le père banni, ce que la loi dit du père incestueux ou adultérin : « *licet legum contemptor et impius sit, tamen pater est.* »

16. — Le fils soldat à qui le droit romain accorde de nombreux avantages, n'en est pas moins tenu de l'obligation alimentaire envers ses parents (L. 5, § 15, Dig., *De agnosc. et alend liberis*); c'est qu'en effet la situation privilégiée dans laquelle se trouve le militaire, ne peut briser les liens du sang, et le dégager des obligations que lui impose sa qualité de fils (L. 1, Dig., *De obsequiis*).

17. — Les enfants n'étaient pas tenus seulement vis-à-vis de leurs père et mère, mais aussi vis-à-vis de leurs ascendants, soit paternels, soit maternels : c'est ce qui résulte de la loi 5, § 2, Dig., *De agnosc. et alend liberis*, et de la Novelle 117, cap. vii, *infine*.

18. — *Troisième source de l'obligation alimentaire : l'adoption.* Avant Justinien, le père adoptif était sans nul doute, tenu de nourrir l'enfant qu'il adoptait. L'obligation alimentaire se dédoublait alors entre le père naturel qui en était toujours tenu, et le père adoptif dans la famille duquel entrait l'enfant. Tous les droits dérivant du lien de filiation n'étaient point, en effet, anéantis par l'adoption ; plusieurs continuaient d'exister à côté de ceux que l'adoption faisait acquérir à l'adopté : « *accedebant jura adoptiva, certis reliquiis ex jure naturali remanentibus* » (L. 10, § 1. C., *De adoptionibus*).

Mais, depuis Justinien, l'adoption est-elle encore une source d'obligation alimentaire pour le père adoptif vis-à-vis de l'adopté ?

Il y a sur ce point deux opinions. La première admise par Donneau, *De jure civili*, lib. xii, cap. iv, §§ 9 et suiv., prétend que l'adoption n'oblige pas le père adoptif à fournir des aliments à l'adopté : il résulte, en effet, du § 2, Institut. de Justinien, *De adoptionibus*, du § 14, Instit. de Justinien, *De hereditatibus quæ ab intest*, et de la loi 10, au Code, *De adoptionibus*, que, par suite de l'adoption rien n'est changé, si ce n'est que l'adopté acquiert des droits de succession *ab intestat* vis-à-vis de l'adoptant : « *Jura potestatis patris naturalis minimè, dissolvuntur, nec quicquam ad patrem adoptivum transit, licèt ab intestato jura successionis ei (filio) a nobis tribula sint.* » (Inst. de Justinien, § 2, *De adoptionibus.*)

Je ne crois pas que cette opinion doive être suivie, et je pense avec Denys Godefroy (Commentaire du titre du Digeste *De agnosc. et alend liberis*) que l'adoption engendre pour le père adoptif, l'obligation de nourrir l'adopté.

En effet, 1° De ce que l'enfant adoptif est appelé à la succession de son père adoptif, j'en conclus par *à fortiori* qu'il a droit de son vivant à des aliments. Il serait de la dernière inconséquence de faire passer sur la tête de l'adopté toute la succession de l'adoptant, et de ne lui donner aucun droit sur les biens de son bienfaiteur, du vivant de ce dernier, pour subvenir à ses besoins. Sans doute, l'enfant adoptif peut encore demander des aliments à son père naturel ; mais si celui-ci n'en a point, sera-t-il forcé d'attendre la succession de son père adoptif ? c'est inadmissible, car avant de lui accorder des droits sur la succession de ce dernier, encore faut-il ne pas le laisser mourir de faim, et lui reconnaître, par conséquent, contre l'adoptant une créance d'aliments.

2° La loi 15, Dig., *De adoptionibus*, dit : « *Onera ejus qui in adoptionem datus est, ad patrem adoptivum transferuntur.* » Si je rapproche de ce texte celui du § 2, instit. de Justinien, *De adoptionibus*, j'en tire une conclusion toute naturelle : c'est que si les droits actifs du père naturel à l'encontre de son fils lui sont main-

tenus, il en est autrement des charges; or, l'obligation
alimentaire n'est pas un droit actif, assurément, mais
bien une charge; donc elle existe pour l'adoptant vis-à-
vis de l'enfant adopté. En effet, la dette d'aliments est un
devoir attaché à la qualité de père; et l'on doit d'autant
moins hésiter à déclarer le père adoptif tenu de cette
obligation qu'il a spontanément accepté pour tel son fils
adoptif, s'engageant par là à faire pour lui en sa qualité
de père adoptif ce que faisait le père naturel.

19. — *Quatrième source de l'obligation alimentaire :
la paternité et la maternité naturelles.* — Pour la clarté
des explications qui vont suivre, je dois faire observer
qu'outre la classe des enfants légitimes, et celle des
enfants incestueux ou adultérins, il y avait à Rome deux
autres classes d'enfants : ceux issus du concubinat, union
reconnue chez les Romains, qui était une sorte de
mariage du droit des gens, et les enfants naturels
proprement dits, *spurii, vulgo quæsiti.* Je distinguerai,
toutes les fois qu'il sera nécessaire, ces deux classes
d'enfants; mais lorsqu'il n'y aura pas d'intérêt à faire la
distinction, je les comprendrai sous l'expression générale
d'enfants naturels, et je désignerai leurs parents sous le
nom de père et mère naturels.

Dans le droit classique, le père naturel n'était point
tenu de nourrir ses enfants naturels, soit ceux issus du
concubinat, soit les *spurii ou vulgo quæsiti* : cela résulte
clairement des expressions « *justâ eam procreatam* »,
employées par Ulpien (L. 5, § 6, Dig., *De agnosc. et
alend liberis*), et qui excluent du droit aux aliments
tous les enfants autres que ceux nés de justes noces.

Cette législation injuste fut modifiée par Justinien,
mais seulement en ce qui concerne les enfants issus du

concubinat ; sans doute il ne donne point d'une façon explicite à ces enfants le droit d'exiger des aliments de leur père ; mais ce droit résulte pour eux d'une façon non équivoque à mon avis, des Novelles 18, cap. 5, et 89, cap. 12, § 4. Ces textes, en effet, donnent aux enfants issus du concubinat un droit aux aliments sur la succession de leur père naturel ; donc *a fortiori*, le père, de son vivant, doit-il des aliments à ces mêmes enfants. Mais Justinien n'apporta aucun changement à la loi 5, § 0, précitée, en ce qui concerne les enfants *spurii* ou *vulgo quæsiti*, qui restèrent, contre toutes les règles de l'équité et de la raison, exclus du droit de demander des aliments à leur père naturel.

20. — La mère, au contraire, a toujours été tenue de la dette alimentaire vis-à-vis de ses enfants naturels. La loi 5, § 4, Dig., *De agnosc. et alend liberis*, dit, en effet : « *Ergo et matrem cogemus præsertim vulgo quæsitos liberos alere.* » Ce texte vise d'une façon expresse les enfants *vulgo quæsiti*, mais il s'applique à *fortiori* aux enfants issus du concubinat. Pourquoi cette différence entre le père et la mère naturelle ? C'est parce que l'auteur de la conception n'est pas certain, du moins pour les enfants *vulgo quæsiti* ; comme l'auteur de l'accouchement. Et si la loi recommande en quelque sorte d'une façon spéciale l'enfant naturel aux soins de la mère, c'est qu'à défaut de la protection du père, celle-ci sera seule pour subvenir aux besoins de l'enfant.

21. — Voyons maintenant si les aïeuls doivent des aliments aux enfants naturels de leur enfant légitime ; et, pour plus de précision, examinons d'abord la question pour les aïeuls paternels.

En ce qui concerne le *vulgo quæsitus*, la réponse n'est

pas douteuse : en effet, à quelque époque qu'on se place dans le droit romain, il n'a point le droit de demander des aliments à son prétendu père ; *à fortiori* donc, sera-t-il repoussé dans sa demande contre le père de celui qu'il croit être son auteur.

Mais pour l'enfant né du concubinat qui réclame des aliments à son aïeul, la question est plus délicate. Avant Justinien, cet enfant n'aurait pu obtenir d'aliments de son aïeul, puisqu'il ne pouvait en exiger même de son père concubin, ainsi que cela résulte de la loi 5, § 0, Dig., *De agnosc. et alend liberis. Quid*, depuis Justinien ! aucun texte ne donne d'une façon explicite à l'enfant issu du concubinat le droit d'exiger des aliments de son aïeul paternel ; nous ne pourrions donc conclure à l'existence de ce droit en sa faveur que par un argument tiré de ses droits à la succession de cet aïeul. Or, de la Novelle 89, cap. 12, § 0, qui a trait aux droits de succession de l'enfant issu du concubinat sur les biens de son père, il me semble résulter que l'aïeul paternel n'est pas tenu de nourrir son petit-fils naturel ; et Merlin (*Répertoire*, V° *aliments*) appuie cette opinion de son autorité.

En effet, la Novelle 80, cap. xii, § 6, se termine par ces mots : « *De nepotibus naturalibus quæ jam a nobis specialiter etiam de ipsis disposita sunt, obtineant.* » Cette loi à laquelle renvoie la Novelle, tout le monde le reconnaît, c'est la loi 12, au Code, *De naturalibus liberis*. Or, cette loi contient deux sortes de dispositions : les unes applicables à la succession testamentaire, les autres à l'hérédité *ab intestat* de l'aïeul paternel. Dans le texte relatif à la succession testamentaire, il est dit : « *Filiis naturalibus relinqui constitutiones quantum voluerint, ideo prohibuerunt, quia vitium paternum refrenandum esse existimaverunt. In nepotibus autem naturalibus non eadem observatio.* » Or, si l'on s'en tenait à ce texte, sans continuer la lecture de la loi, on pourrait conclure en faveur du petit-fils du droit sur la succession de l'aïeul paternel à son droit aux aliments à l'encontre de ce dernier. Mais en examinant la loi 12 dans son ensemble, on remarque, d'une part, que le texte précité ne se rapporte qu'aux dispositions testamentaires, et, d'autre part, que relativement à la succession *ab intestat de l'aïeul,* Justinien n'a rien changé au droit antérieur : « *Jura ab intestato in arì successionem nemini eorum penitus aperimus.* » (L. 12, C., *De naturalibus liberis*). Les petits-enfants n'ayant aucun droit sur la succession de leur aïeul paternel, on ne peut s'en prévaloir pour conclure au droit alimentaire en leur faveur. La décision que je donne pour l'aïeul est applicable au bisaïeul (L. 12, *in fine*, C., *De natural. liberis*).

22. — Mettons-nous maintenant en présence des aïeuls maternels; doivent-ils des aliments aux enfants naturels de leur fille légitime?

Nous avons vu, au numéro 20, que la mère doit des aliments à ses enfants naturels, soit à ceux issus ex concubinatu, soit aux *spurii* ou *vulgo quæsiti*; cela résulte de la loi 5, § 4, Dig., *De agnosc. et alend liberis*; or, immédiatement après, le § 5 de la même loi ajoute : *Idem divus pius significat quasi avus quoque maternus alere compellatur.* » Le rapprochement de ces deux textes me semble donner réponse à la question que je viens de poser, et décider très-nettement que l'aïeul maternel doit des aliments aux enfants *vulgo quæsiti* de sa fille. Or, s'il en est ainsi pour ces enfants, il doit en être de même *à fortiori* à l'égard des enfants de sa fille issus ex concubinatu. Donc, d'une façon générale, l'aïeul maternel doit des aliments à ses petits-enfants naturels.

D'ailleurs, ces décisions ne sont que l'application de ce principe bien connu de droit romain : Prenez les *vulgo quæsiti*, les *liberi naturales ex concubinatu*, les *liberi ex justis nuptiis* dans leurs rapports avec leur mère et les parents de leur mère, il n'y a aucune différence entre ces trois classes d'enfants. Et ce principe nous sert à expliquer une remarque que fait Merlin (*Répertoire*, Vᵉ *aliments*) : Il est étonnant, dit-il, que Justinien ayant affranchi l'aïeul et le bisaïeul paternels de l'obligation de nourrir l'enfant naturel de leur fils, n'ait pas abrogé l'ancienne loi qui donne aux *vulgo quæsiti* de la fille une action pour se faire nourrir par leurs aïeuls maternels. Mais cette différence s'explique très-bien, étant donné le principe que je viens de poser, savoir : qu'à Rome, le *vulgo quæsitus* équivaut à un enfant légitime à l'égard de sa mère et des parents de sa mère.

23. — *Cinquième source de l'obligation alimentaire: la filiation naturelle.* — A Athènes, j'ai déjà eu l'occasion de le faire remarquer, les enfants étaient obligés, sous peine de prison, de nourrir leur père tombé dans l'indigence. Montesquieu, *Esprit des Lois* liv. XXVI, chap. V, ajoute : « La loi exceptait ceux qui étaient nés d'une courtisane, ceux dont le père avait exposé la pudicité par un trafic infâme, ceux à qui il n'avait pas donné de métier pour gagner leur vie. » En dehors de ces cas, les enfants, même naturels, étaient donc astreints à la dette alimentaire.

Voyons si l'enfant naturel, à Rome, devait des aliments à ses père et mère ; examinons d'abord si cette obligation existait pour le fils vis-à-vis de son père naturel et des ascendants de celui-ci.

Pour le *vulgo quæsitus*, il ne pouvait être question d'obligation alimentaire envers ces derniers, puisque devant la loi il n'avait pas de père.

En ce qui concerne l'enfant issu du concubinat, il faut distinguer le droit classique et le droit de Justinien. Du temps d'Ulpien, le père concubin et ses ascendants ne peuvent certainement pas réclamer d'aliments à leur enfant naturel. J'ai montré, en effet (Nos 19 et 21), qu'à cette époque, ces derniers n'étaient pas tenus d'en fournir à ce même enfant naturel, et, dans ce cas cependant, l'obligation était on ne peut plus légitime; or, le père ne peut avoir plus de droits que l'enfant innocent de la faute de son auteur. Mais, au temps de Justinien, la question est plus douteuse. En effet, je vois, d'une part, le *pater naturalis* tenu de l'obligation alimentaire vis-à-vis de son enfant issu du concubinat; mais, d'autre part, je ne trouve aucun texte duquel je puisse conclure que cette obligation est réciproque. Cependant, en présence du grand principe d'équité qui domine la matière de l'obligation alimentaire « *cùm hæc res ex æquitate descendat* », je suis porté à croire que le *judex* aurait difficilement repoussé un père concubin dans le besoin, venant demander à son enfant de quoi vivre. Quant aux ascendants autres que le père, j'ai décidé (N° 21), suivant l'opinion de Merlin, qu'ils ne doivent pas d'aliments à leurs petits-enfants naturels; réciproquement, je leur refuse tout droit contre ces derniers.

J'arrive à l'obligation alimentaire de l'enfant naturel vis-à-vis de sa mère et de ses ascendants maternels. Ici, du moins, je puis invoquer un texte précis, la loi 5, § 4, Dig., *De agnosc. et alend lib* . , qui dit que l'enfant *vulgo quæsitus* doit des aliments à sa mère. De ce texte, je tire deux conséquences : 1° Le *vulgo quæsitus* doit des aliments à ses ascendants maternels, en vertu du principe posé ci-dessus (N° 22), qu'il est, à l'égard de sa mère et des parents de sa mère, dans la position d'un enfant né *ex justis nuptiis*; 2° L'enfant issu *ex concubinatu* doit des aliments à sa mère concubine et aux ascendants de celle-ci (arg. *à fortiori* de la loi 5 précitée).

24. — Le père incestueux ou adultérin ne doit pas d'aliments aux enfants nés de l'inceste ou de l'adultère : l'Authentique *ex complexu*, L. 6, au Code, *De incest. et inutil. nuptiis*, prive, en effet, ces enfants de tout droit alimentaire contre leur père : « *Ex complexu nefario aut incesto, seu damnato liberi, nec naturales sunt nominandi, omnis paternæ substantiæ indigni beneficio, ut nec alantur a patre.* » Si le père ne doit pas d'aliments à ses enfants incestueux ou adultérins, *à fortiori* ses ascendants ne sont-ils points tenus de fournir des aliments à ces mêmes enfants.

Du texte que je viens de citer, on est tenté de conclure par *à contrario*, que la mère doit des aliments à ses enfants incestueux ou adultérins; mais la Novelle 89, cap. xv ne laisse pas de doute sur le contraire. Elle porte, en effet : « *Omnis qui ex complexibus aut nefariis, aut incestis, aut damnatis processerit, iste neque naturalis nominatur, neque alendus a parentibus.* » J'en conclus par *à fortiori* que les ascendants de cette mère incestueuse ou adultérine ne sont pas tenus non plus de fournir des aliments à ces mêmes enfants.

Mais l'enfant incestueux ou adultérin doit-il des aliments à ses père et mère et leurs ascendants? Pas davantage. La négative ressort de la Novelle 12, cap. ii qui met à la charge exclusive des enfants légitimes, s'il s'en trouve, l'obligation de nourrir leur père devenu incestueux ou adultérin: « *Pascentes autem eum, et alia necessaria præbentes. Nam licet legum contemptor et impius sit, tamen pater est.* »

Je ne puis exposer cette législation relative à l'obligation alimentaire entre parents et enfants incestueux ou adultérins, sans lui adresser une sévère mais juste critique: que l'enfant incestueux ou adultérin, destiné à à porter toute sa vie le poids de son malheur, ne doive point d'aliments à ceux qui précisément en sont les auteurs, je le comprends. Mais que le droit romain ait dispensé les père et mère incestueux ou adultérins de cette obligation vis-à-vis de leurs enfants, c'est une disposition qu'on ne saurait justifier. Ces parents ont commis une faute; or, la façon la plus simple de les obliger à la réparer en partie, c'eût été tout au moins, de leur imposer le devoir de fournir à ces malheureux enfants, les choses nécessaires à la vie. Aussi, je m'associe aux protestations énergiques de Noodt, liv. 25, t. III, p. 418, contre cette législation cruelle et impie, qui resta en vigueur tant que le droit canonique ne vint pas la changer.

25. — *Sixième source de l'obligation alimentaire : la parenté entre et frères et sœurs.* — Le droit romain n'avait pas limité entre ascendants et descendants, l'obligation alimentaire : il l'avait étendue à certains collatéraux. Ainsi les lois 13, § 2, Dig., *De admin. et peric. tutor.*, 1, § 2, Dig., *De tutelæ et ration. distrah.*, 4, Dig., *Ubi pupill. educ. vel morari debeat*, parlent de l'obligation pour le frère de nourrir sa sœur, mais elles ne prévoient point la réciproque ; faut-il en conclure que la sœur n'était pas tenue de fournir des aliments à son frère ? je ne le pense pas : je crois que si les textes parlent surtout de l'obligation du frère vis-à-vis de sa sœur, c'est

que c'était le cas le plus fréquent ; de même, j'ai fait remarquer, relativement à l'obligation alimentaire des enfants vis-à-vis de leurs père et mère, que les textes prévoient presque toujours le cas du fils qui fournit des aliments à ‥ parents, ce qui ne prouve pas du tout que la fille ne soit point tenue envers eux de la même obligation.

Ce qui a fait établir l'obligation alimentaire du frère envers la sœur, c'est la proximité du degré, ce sont les liens du sang ; or, cette considération s'aplique tout aussi bien à la sœur qu'au frère. La Novelle 89, cap. xii, § 6, déclare qu'un frère naturel peut demander des aliments à son frère légitime ; or, ce texte vient confirmer cette idée que l'on considère ici exclusivement la proximité du degré, les liens du sang ; aussi, je puis en conclure que non-seulement l'obligation alimentaire existe entre frères et sœurs germains, mais encore entre frères et sœurs consanguins ou utérins.

20. — Entre parents plus éloignés que frères et sœurs, il n'y a point d'obligation alimentaire. Toutefois, la loi 27, § 3, Dig., *De inofficioso testamento*, parait établir pour l'oncle paternel, l'obligation de fournir des aliments à son neveu. Il n'en est rien cependant ; voici, en effet, l'hypothèse prévue par cette loi : Paul meurt, laissant un testament par lequel il institue son frère héritier, et exhérède son fils. Celui-ci intente la *querela inofficiosi testamenti*, et triomphe. Le frère du défunt interjette appel ; or, jusqu'à la fin du procès, dit le texte, le *patruus* devra des aliments à son neveu. Mais il faut remarquer qu'il s'agit ici d'aliments fournis au pupille pour lui donner les moyens de vivre pendant le procès, et non pas en vertu d'une obligation légale. Ici le *patruus*

est tenu en qualité de partie au procès, comme le serait un étranger institué héritier à sa place. Nous voyons exister ici ce que nous retrouverons en droit français, sous le nom de *provision alimentaire*.

A plus forte raison, les parents plus éloignés que les oncles n'étaient-ils point tenus de la dette alimentaire.

Si ceux à qui incombait l'obligation alimentaire, se trouvaient hors d'état d'y satisfaire à cause de l'insuffisance de leurs ressources, l'ayant-droit aux aliments était nourri comme indigent, *publicè ex eleemosynis*. Trajan fonda des établissements alimentaires où l'on nourrissait avec les deniers publics les indigents, notamment les orphelins des deux sexes. Ces établissements subsistèrent après l'introduction du christianisme, et furent même pourvus de priviléges par les empereurs Léon et Anthémius (L. 83, § 7, C., *De episcopis et clericis*).

27. — *Septième source de l'obligation alimentaire: les justes noces.* — La dette alimentaire, à Rome, était réciproque entre le mari et la femme. Les lois 20, au Code, *De jure dotium*, et 73, § 1, Dig., *eod. tit.*, consacrent cette obligation entre époux. Elle n'est, d'ailleurs, que la conséquence naturelle de la définition que Modestin (L. 1. Dig., *De ritu nuptiarum*), a donné des justes noces, et la mise en pratique du *consortium omnis vitæ*, de cette union étroite, *individuam vitæ consuetudinem continens* (Instit. de Justinien, *De patriâ potestate*, § 1).

Que devient l'obligation alimentaire au cas de divorce? Je suis porté à croire qu'elle cesse d'exister entre époux divorcés. En effet, les justes noces ont créé une communauté de vie génératrice de l'obligation alimentaire entre époux; or, cette communauté venant à cesser, l'obligation doit prendre fin : *cessante causâ, cessat effectus*. Et la

Novelle 117, cap. VII, me semble confirmer cette opinion ; elle dit que les enfants ne doivent, en aucune façon, être lésés dans leurs droits par le divorce ; puis elle s'occupe à ce propos de l'obligation alimentaire vis-à-vis de ces enfants, et ne dit pas un mot de l'obligation alimentaire entre époux ; or, ne peut-on pas induire de ce silence, que cette obligation a cessé entre époux, comme d'ailleurs, la logique l'indique.

28. — Il existe une curieuse hypothèse, où l'obligation alimentaire entre époux paraît survivre à la dissolution du mariage par la mort du mari, et que je dois mentionner ici. *Primus* ayant institué *Secundus* pour son héritier, meurt laissant sa femme enceinte. A la naissance du posthume, le testament sera rompu en sa faveur. Mais, en attendant cette rupture, il y a lieu à une *missio in possessionem* donnée au ventre, et la mère peut réclamer des aliments au curateur au ventre. C'est ce qui résulte de la loi 1, § 19, Dig., *De ventre in poss. mittendo*, comme aussi de la loi 5, Dig., *eod. tit.*, laquelle s'explique ainsi : « *Curator ventris, alimenta mulieri statuere debet ; nec ad rem pertinet, an dotem habeat, unde sustentare se possit : quia videntur, quæ illâ præstantur, ipsi præstari qui in utero est.* » Aussi, cette disposition qui semble tout d'abord une exception au principe que l'obligation alimentaire entre époux s'éteint par la mort de l'un d'eux, n'est, en réalité, que l'application du droit commun, puisqu'il s'agit d'aliments à fournir à un enfant qui doit naître : *infans enim pro nato habetur, quoties de commodis ejus agitur.*

29. — Bien plus, cet enfant aura droit à des aliments, même si son état est contesté ; en effet, l'édit Carbonien lui sera applicable, et le préteur donnera à l'impubère

la *bonorum possessio ex edicto Carboniano*, qui lui permettra de se nourrir sur les biens paternels jusqu'au temps de sa puberté. Le doute sur l'état de l'enfant s'interprète en sa faveur, car ainsi que le porte la loi 5. § 3. Dig. *De Carboniano Edicto : « Major cura debet adhiberi ne fae pereamt filius, quàm ne minor hereditas ad petitorem pervenial, si apparuit filium non esse. »*

30. — *Huitième source de l'obligation alimentaire : l'alliance.* — Les justes noces n'ont pas seulement pour effet de produire entre les époux l'union la plus étroite; elles rattachent chacun des époux à la famille de son famille de son conjoint par des liens que l'on désigne sous le nom d'alliance. Or, cette alliance est-elle assez puissante pour donner naissance à l'obligation alimentaire ? Denys Godefroy et Vieds, dans leurs commentaires sur le titre 3, liv. 25, du Digeste, disent que le gendre et la bru doivent être nourris par leurs beau-père et belle-mère; c'est qu'en effet, par l'affinité, ils tiennent lieu d'enfants, comme le dit Justinien dans ses Institutes, (lib. I, t. x, § 6). Réciproquement, et par le même motif, les gendre et belle-fille doivent des aliments à leurs beau-père et belle-mère.

Mais ce que je viens de dire ici des beau-père et belle-mère, ne saurait s'appliquer au parâtre (*socer*) et à la marâtre (*noverca*), qui ne sont point tenus de la dette alimentaire vis-à-vis des enfants que leur conjoint a eus d'un premier lit (*privignus et privigna*). Aussi la loi 15, au Code, *De negot. gest.*, les autorise-t-elle à répéter les dépenses qu'ils ont pu faire pour ces derniers, à moins qu'ils n'aient fait ces déboursés dans un but de libéralité, ce qui exclut toute répétition. Réciproquement, le *privig-*

nus et la *pririgna* ne doivent point d'aliments à leurs beaux-parents.

31. — *Neuvième source de l'obligation alimentaire : l'affranchissement.* — « L'affranchissement, comme le dit M. Accarias, *Précis de droit romain*, t. i, p. 104, peut, dans une certaine mesure, être comparé à la procréation. L'esclave devenu libre tient de son maître, non pas l'existence physique, mais la vie civile. Chose tout à l'heure, il est devenu homme par le bienfait de son maître; en ce sens, il est l'œuvre du patron. Aussi le patron et sa famille remplacent-ils à l'égard de l'affranchi, les agnats qu'il ne peut avoir, puisque sa seule famille civile sera sa descendance. » Le patron doit donc protection à son affranchi; et ce dernier, en retour, est tenu envers lui de certains devoirs qui se résument dans ce que les Romains appellent *jura patronatûs*. Ceux-ci comprennent : 1° Des droits pour le patron à la tutelle et à la succession de l'affranchi; 2° le droit à une certaine déférence, *obsequium* ou *reverentia*, et notamment le droit à des aliments, qui était d'ailleurs, réciproque entre le patron et l'affranchi.

Je vais examiner séparément l'obligation alimentaire du patron et celle de l'affranchi.

32. — La loi 5, § 18, Dig., *De agnosc. et alend liberis*, déclare que le patron doit des aliments à son affranchi; et les lois 6, pr., Dig., *eod lit.*, 33, Dig., *De bonis libertorum*, 5, § 1 Dig., *De jure patron.*, sanctionnent cette obligation du patron, en le privant, s'il n'y satisfait point, des avantages imposés *libertatis causâ*, du *jus patroni*, ce qui comprend, ce me semble, même le droit aux aliments.

Toutefois, il faut remarquer que cette obligation pour

le patron de nourrir son affranchi dans le besoin, est mitigée en qnelque sorte par l'*obsequium ou reverentia* que l'affranchi doit à son patron. Aussi, la loi 6, pr. Dig., *De agnosc. et alend liberis*, que je viens de citer, tout en déclarant le patron déchu des avantages qui constituent les *jura patronatûs*, ajoute-t-elle que néanmoins, le patron ne sera point forcé de fournir contre sa volonté, des aliments à l'affranchi, quand même sa position de fortune le lui permettrait : « *non autem necesse habebit præstare, etiam si potest.* » Ainsi, d'après les textes précités, il n'y a point au profit de l'affranchi une véritable action civile, mais plutôt un moyen indirect de contrainte.

33. — L'obligation alimentaire de l'affranchi vis-à-vis du patron n'admet point de semblables tempéraments : il est tenu de la dette d'aliments jusqu'à ce que le patron ne soit plus dans le besoin (L. 5, § 19, Dig., *De agnosc. et alend liberis*). Bien plus, comme l'affranchi doit l'*obsequium* non-seulement à son patron, mais aux enfants de ce dernier, il est obligé de leur fournir des aliments, s'ils sont dans l'indigence ; sans doute leur demande sera moins facilement admise que celle du patron, mais la preuve d'un besoin véritable une fois faite, l'obligation d'y subvenir existe à la charge de l'affranchi vis-à-vis des enfants du patron (L. 5, § 20, Dig., *eod. tit*). Cette obligation lui est imposée, même vis-à-vis des ascendants du patron, à défaut de ce dernier et de ses descendants : la loi 5, § 20, Dig., *eod. tit.* ne laisse aucun doute à cet égard.

Peu importe que l'affranchi ait reçu d'une femme le bienfait de la liberté ; son devoir alimentaire vis-à-vis d'elle, de ses descendants et ascendants est la même que s'il avait été affranchi par un *paterfamilias* (L. 5, § 21, Dig., *eod tit.*

La femme affranchie est également tenue de la dette alimentaire à l'égard du patron : la loi 5, § 24, Dig., *eod. tit.*; le déclare expressément.

Cette obligation est munie d'une action civile et sanctionnée de la façon la plus rigoureuse : une constitution de l'empereur Commode porte, en effet, que dans le cas où un affranchi aurait laissé son patron souffrir de la pauvreté ou de la maladie, sans le secourir, il redeviendra esclave de ce patron, et lui devra de nouveau ses services, ou bien qu'il sera vendu par le président de la province, et le prix de la vente versé entre les mains du patron. (L. 6 § 1. Dig. *eod tit*).

34. — Il y a des cas ou cette obligation alimentaire de l'affranchi vient à cesser. 1° Elle cesse vis-à-vis du fils du patron, si celui-ci a porté contre l'affranchi de son père, une accusation capitale ; 2° Elle cesse également, quand l'affranchi a racheté à prix d'argent de son patron, tous les devoirs qui lui étaient imposés à l'égard de ce dernier (L. 5. § 22, Dig., *De agnosc. et alend liberis*); 3° Et enfin, quand le patron a lui-même refusé des aliments à son affranchi dans le besoin. La loi 6, pr. Dig., *De agnosc. et alend liberis*, et la loi 5, § 1, Dig., *De jure patronn.*, me semblent, en effet, enlever au patron, dans ce cas, tous les avantages que l'affranchissement lui avait assurés, et même son droit aux aliments.

35. — Avant de terminer ce qui concerne l'obligation alimentaire entre patrons et affranchis, je crois devoir analyser le § 22 de la loi 5 au Digeste, *De agnosc. et alend liberis*, qui présente quelques difficultés. Il prévoit trois cas : celui ou un patron demande des aliments a l'affranchi de son affranchi ; l'hypothèse où un individu en réclame à un ancien esclave qu'il a affranchi en vertu d'un

fidéicommis, *quemque suis nummis redemit* ; enfin, le troisième cas prévoit une demande d'aliments faite par un patron, de qui son affranchi a racheté à prix d'argent toutes les obligations que l'affranchissement lui avait imposées. Dans ces trois cas, le texte refuse toute action alimentaire.

Le premier et le troisième cas se comprennent très-bien. La dette d'aliments est imposée sans doute à l'affranchi envers son patron ; mais précisément dans le premier cas le demandeur n'est pas le patron de celui à qui il s'adresse ; et dans le troisième cas, c'est un patron qui a abdiqué ses droits de patronage, en compensation du prix que lui a offert l'esclave pour s'affranchir de toutes ses obligations vis-à-vis de lui. Or, le jurisconsulte Marcellus déclare que le demandeur en aliments, dans le second cas, ne sera pas plus écouté que le patron qui, dans le troisième cas, actionnerait l'affranchi libéré de toutes ses obligations. Cette décision de Marcellus, rapportée par Ulpien peut-elle se justifier ? Est-ce que celui qui a affranchi en vertu d'un fidéicommis, n'est pas cependant un véritable patron ?

Je vais essayer de donner quelques explications de cette disposition.

L'*Infortiatum Pandectarum juris civilis*, t. II, interprète les mots de notre § 22 « *Quem suis nummis redemit* », en ce sens que l'héritier fidéicommissaire a acheté l'esclave avec de l'argent qu'il a reçu de lui. Or, en voyant dans cet argent reçu de l'esclave une sorte de rachat des obligations dérivant de l'affranchissement, voici ce qu'on peut dire : la liberté fidéicommissaire, par opposition à la liberté conférée par testament, peut être donnée non-seulement à l'esclave du testateur, mais encore à un esclave *extraneus* (Règles d'Ulpien, tit. II,

§ 10). Ces mots de la loi 5, § 22 : « *vel ab eo quem ex causâ fideicommissi manumisit* », supposent le cas où la liberté fidéicommissaire a été donnée à un esclave extraneus. Le fiduciaire doit chercher à acheter cet esclave ; mais le maître ne veut pas le vendre à un prix raisonnable, et le fidéicommis va s'évanouir (Rég. Ulp., tit. ii, § 2). L'esclave a des économies ; il les offre au fiduciaire pour l'engager à acheter. Le marché se fait ainsi, grâce aux écus de l'esclave, et nous retrouvons l'explication donnée pour le troisième cas.

Cette explication, basée sur le sens donné par l'*Infortiatum* aux mots déjà cités « *quem suis nummis redemit* » est spécieuse, sans doute, mais je ne la crois point fondée.

Et d'abord, pour pouvoir donner aux expressions que je viens de rappeler le sens de l'*Infortiatum*, il faut négliger les règles élémentaires de la langue latine, et traduire *suis* comme s'il y avait *ejus* ; ce qui donne à la phrase précisément le sens contraire. Je crois, en effet, que *suis nummis* se rapporte (comme d'ailleurs, le veut le sens grammatical de la phrase), non pas à l'esclave, mais à l'héritier fidéicommissaire qui a affranchi cet esclave.

Cela posé, voici l'explication qui me vient à l'esprit, et que j'hésite à donner, car n'ayant aucun auteur sur la matière, je ne puis contrôler mon opinion : L'héritier ne fait, en affranchissant les esclaves *extranei* que le fidéicommis le charge de rendre à la liberté, qu'exécuter la volonté du défunt. C'est donc, en réalité, de ce dernier qu'émane l'affranchissement, et l'héritier fidéicommissaire n'est en quelque sorte qu'un mandataire, qu'un intermédiaire dont le testateur s'est servi pour réaliser l'affranchissement de ceux qu'il voulait gratifier de le liberté.

Ces derniers ont donc plutôt pour patron le défunt que l'héritier fidéicommissaire, alors même que ce dernier a déboursé le prix nécessaire pour les acheter au maître sous la puissance duquel ils se trouvaient. Et l'on comprend, dès lors, pourquoi la loi ne les oblige pas à fournir des aliments à l'héritier fidéicommissaire : c'est que celui-ci a déjà reçu sans doute, dans la succession qu'il a acceptée, une compensation assez large pour le dédommager des charges auxquelles il se soumettait.

36. — La donation engendre-t-elle pour le donataire l'obligation de fournir des aliments au donateur ? Je ne le crois pas : je ne connais pas de texte qui oblige le donataire à la dette alimentaire vis-à-vis du donateur. Au contraire, la loi 1 au Code, *De donat. quæ sub modo*, indique d'une façon bien évidente, à mon avis, que l'obligation de fournir des aliments au donateur n'existe que s'il y a eu convention sur ce point entre les parties. D'autre part, loi 10, au Code, *De revocandis donation.*, ne mentionne point le refus d'aliments parmi les causes de révocation d'une donation pour ingratitude ; et la loi 30, Dig., *De re judicatâ*, n'est pas contraire à cette solution.

37. — Brillon, dans son *Dictionnaire de jurisprudence et des arrêts*, mentionne le tuteur dans la liste des personnes tenues de l'obligation alimentaire. Je ne crois point devoir suivre cet exemple, car cet obligation du tuteur n'est pas une véritable obligation alimentaire. En effet, le tuteur n'est pas tenu de nourrir le mineur, sur ses biens à lui tuteur, mais sur la fortune même du pupille. Aussi les règles qui régissent les devoirs de tutelle et d'éducation sont-elles différentes de celles qui découlent de la véritable obligation alimentaire. Ainsi, l'éducation et l'entretien du pupille sont en rapport avec

sa fortune; les frais en sont réglés *arbitrio tutoris*; si ce dernier refuse ou se met en retard, ils sont déterminés par le président. La prestation alimentaire à faire au pupille comprend l'instruction, les arts libéraux, ce qui n'a pas lieu, ainsi que je l'ai montré N° 7, dans l'obligation alimentaire légale. Enfin le tuteur qui ne fournit pas d'aliments à son pupille est déclaré suspect (L. 3, § 14, Dig., *De suspectis tutoribus*), et peut être révoqué (L. 6, Dig., *ubi pupill. educ.*); or, nous ne trouvons rien de semblable pour le débiteur tenu de la dette légale d'aliments.

38. — Avant de terminer ce chapitre, je dois parler d'une disposition du droit romain qui assurait des aliments à certains débiteurs; c'est cette disposition légale que les interprètes ont appelée *bénéfice de compétence*. Les Institutes de Justinien (§ 38, *De actionibus*), indiquent en quoi il consistait, et en faveur de quelles personnes il existait : « *Sed et si quis cum parente suo patronove agat; item si socius cum socio, judicio societatis agat, non plus actor consequitur quàm adversarius ejus facere potest. Item est si quis ex donatione suâ conveniatur.* »

Toutefois, suivant certains auteurs, Holtius, par exemple, ce bénéfice ne devrait s'appliquer qu'au donateur : ce serait par une interpolation de Tribonien que ce bénéfice aurait été étendu à d'autres personnes.

Le bénéfice de compétence non-seulement permettait au défendeur de n'être condamné que dans la limite de ses facultés « *in quantum facere potest* », mais il obligeait les créanciers à laisser au débiteur quelques ressources *ne egeat*. C'est ce que dit en propres termes la loi 173, Dig., *De regulis juris* : « *In condemnatione personarum quæ in id quod facere possunt, damnantur, non totum quod habent extorquendum est, sed et ipsarum ratio habenda est ne egeant.* »

La loi 30, au Digeste, *De re judicatâ*, fait une application de cette loi en matière de donation ; la loi 6, Dig., *De cessione bonorum* s'y réfère également : au cas de cession de biens, elle décide que la portion de biens qui aura été laissée entre les mains du débiteur, ou qu'il aura acquise après la cession de biens, *alimentorum nomine*, ne pourra être saisie ni vendue par les créanciers.

Le bénéfice de compétence entre personnes tenues de l'obligation alimentaire était très-rationel. En effet, les créanciers, s'ils eussent dépouillé leur débiteur, qui était en même temps leur créancier alimentaire, eussent été obligés de lui remettre ensuite, pour acquitter leur dette d'aliments, une partie des biens enlevés. Or il était bien plus naturel de réserver au débiteur une portion de ces mêmes biens *ne egeat*, que de lui prendre d'une main ce qu'il aurait fallu lui rendre de l'autre.

D'après le § 38, Inst. de Justinien, *De actionibus*, ce bénéfice s'appliquait aussi entre personnes qui ne se devaient pas d'aliments, puisqu'il existait dans certains cas au profit du donateur et entre associés. La reconnaissance vis-à-vis d'un bienfaiteur, les rapports constants entre associés sont bien suffisants pour légitimer cette disposition.

CHAPITRE III.

Ordre à suivre entre les différents débiteurs alimentaires.

39. — Les personnes soumises à l'obligation alimentaire ne sauraient être tenues toutes concurremment ; elles ne doivent l'être que successivement. L'obligation alimentaire, en effet, a été établie, comme le dit la loi 8, § 5, C., *De bonis quæ liberis*, « *non propter hereditates, sed propter ipsam naturam*, c'est-à-dire à cause des liens du sang, d'affection et de reconnaissance. Il faut donc, pour établir un ordre entre les différents débiteurs alimentaires, considérer surtout les rapports de parenté et d'affection existant entre eux et l'ayant-droit aux aliments.

Bien que je n'aie aucun auteur sur ce point, comme d'ailleurs sur plusieurs autres, pour contrôler mes appréciations, je crois pouvoir placer avant toutes l'obligation alimentaire entre les époux. Les justes noces créent entre les époux, l'union la plus étroite, la plus intime « *conjunctio individuam vitæ consuetudinem continens* » (*Inst. De patria potestate*, § 1). Aussi la loi 20, C., *De jure dotium*, en mentionnant les personnes à qui la femme pourra devoir des aliments, parle-t-elle tout d'abord du mari. Cette opinion est, du reste, parfaitement conforme à la définition des justes noces, donnée par Modestin (L. 1. Dig., *De ritu nuptiarum : « Consortum omnis vitæ : divini et humani juris communicatio. »* On ne concevrait guère une femme quittant son mari pour aller demander à sa famille des aliments afin de subvenir à ses besoins. Que deviendrait, en effet, *l'individua vitæ consuetudo* qu'implique l'idée même de mariage ?

40. — Après l'obligation alimentaire des époux, l'un vis-à-vis de l'autre, l'obligation alimentaire du père envers son enfant se place en première ligne ; je parle ici de l'obligation du père, et non de celle des parents, parce que la dette alimentaire de la mère à l'égard de son enfant n'arrive, à mon avis du moins, qu'en second rang, et n'existe qu'autant que le père est dans l'impossibilité de fournir des aliments. Voët. *ad Pandectas*, lib. 25, tit. iii, § 6, dit bien que si l'on consulte l'usage à Rome, la dette alimentaire est commune au père et à la mère, et que cela a lieu même après le divorce ; mais si tel était l'usage, tout autre était la loi. C'est ce qui me semble résulter de la loi 5, § 14, Dig., *De agnosc. et alend liberis*, qui prévoit le cas où la mère agit précisément en répétition contre le père, parce qu'elle a fourni des aliments à son fils.

La Novelle 117, cap. vii, me paraît confirmer cette solution. En effet, prévoyant le cas où le divorce a rompu les justes noces, elle contient deux dispositions différentes, suivant que c'est le mari qui est la cause du divorce, ou la femme. Dans le premier cas, elle porte : « *Apud matrem (liberi) nutriantur, expensas patre præbente ;* » dans le second cas, au contraire : « *tunc apud patrem maneant filii, et alantur.* » On le remarque de suite : la loi ici n'ajoute pas « *expensas matre præbente;* » cette omission est très-significative, et d'autant plus probante, que le texte ajoute ensuite : « *si autem contigerit patrem quidem minus idoneum esse, matrem vero locupletem, apud eam pauperes filios manere et ab eâ nutriri jubemus.* » Ainsi, voilà qui est bien explicite : la dette alimentaire, même dans le cas où le divorce a eu lieu par la faute de la femme, ne retombe sur elle que si le mari n'est pas dans une situation qui lui permette d'y satisfaire ; or, cette exception ne fait que confirmer la règle, savoir : qu'après l'obligation alimentaire du conjoint, celle du père vient en premier lieu, et que celle de la mère n'existe qu'à défaut de celle-ci.

Mais il convient d'ajouter que souvent la femme qui aura fourni des aliments à ses enfants, n'aura cependant point d'action en répétition contre son mari : c'est que souvent, en effet, elle les aura fournis sous l'influence de son affection pour ses enfants, par pure libéralité, et sans intention de répéter, alors même que le père pouvait subvenir à l'entretien de ses enfants (L. 11, C., *De negotiis gestis;* L. 5, § 14, Dig., *De agnosc. et alend liberis*). Mais ce tempérament n'en laisse pas moins subsister le principe que je viens de poser.

41. — Bien plus, Pothier, dans son commentaire sur la loi 5, Dig., *De agnosc. et alend liberis*, déclare que la mère n'est tenue de l'obligation alimentaire vis-à-vis de ses enfants qu'à défaut du père et des ascendants paternels; par exemple, si ces derniers sont eux-mêmes dans le besoin. Et, en effet, le § 2 de notre loi 5, Dig., *eod. tit.*, par sa construction même, semble bien confirmer l'opinion de Pothier. De plus, la loi 8, Dig., *eod. tit.*,

met d'une façon très-explicite l'obligation de nourrir l'enfant à la charge des ascendants paternels, et ne l'impose aux aïeuls maternels que si les premiers sont dans l'impossibilité de satisfaire à la dette alimentaire.

42. — L'obligation alimentaire des descendants vis-à-vis de leurs auteurs vient immédiatement après celle des ascendants. Cette obligation, ai-je dit, dérive des liens du sang et de l'affection; or, quels liens plus étroits que ceux qui rattachent un fils à son père et à sa mère? Sans doute, le fait de la procréation impose aux parents, de la façon la plus immédiate, l'obligation de nourrir leurs enfants : « *Qui causa est ut homo existat, is tenetur ei prospicere de his quæ ad vitam humanam sunt necessaria.* » (Grotius, lib. ii, cap. vii, N° 5). Mais celle des enfants envers leurs auteurs est aussitôt après celle-ci, la plus directe et la plus légitime; et c'est avec raison que Quintilien disait *(Declamation, 5)* : « *Non est beneficium quod pascitis, sed et facinus quod negatis.* »

43. — L'affranchissement est en quelle sorte une procréation civile; c'est un bienfait qui rattache étroitement l'affranchi au patron. Aussi, voyons-nous la loi établir entre eux la dette alimentaire ; et cette obligation de l'affranchi vis-à-vis de son patron, prendra rang immédiatement après l'obligation alimentaire des ascendants et descendants de ce dernier. (Arg., L. 5, § 26, Dig , *De agnosc. et alend liberis*).

En ce qui concerne l'affranchi, l'obligation alimentaire du patron à son égard vient après celle de son conjoint et de ses descendants, puisqu'il n'a pas d'ascendants.

CHAPITRE IV.

Caractères de l'obligation alimentaire.

44. — Un des caractères les plus importants de l'obligation alimentaire, c'est son intransmissibilité ; aussi vais-je en aborder en premier lieu l'examen. Les aliments sont constitués à une personne pour satisfaire à ses besoins ; dès lors, sa mort doit faire évanouir l'obligation alimentaire : « *Constat enim alimenta cum vitâ finiri.* » (L. 8, § 10, Dig., *De transact*). Et il n'y a pas à distinguer ici entre les aliments dus en vertu de l'obligation légale ou ceux dus en vertu d'une convention ou d'un testament, car les aliments n'ont plus leur raison d'être, quand est survenue la mort du créancier alimentaire (L. 14, pr., Dig., *De alimentis vel cibar. leg.*) Aussi Voët *ad Pandectas*, lib. 25, tit. 3, § 10, *in fine*, poussant rigoureusement ce principe dans ses conséquences, dit-il que si le débiteur alimentaire a fourni des vêtements au nécessiteux, il peut les reprendre à la mort de ce dernier.

45. — Ainsi, de la part du bénéficiaire, le droit alimentaire est intransmissible ; mais l'obligation de

fournir des aliments l'est-elle également? en d'autres termes, la charge de fournir des aliments passe-t-elle aux héritiers du débiteur? La loi 5. § 17, Dig., *De agnosc. et alend liberis*, répond négativement, et déclare que les héritiers du fils ne sont point obligés à la dette alimentaire qui incombait à ce dernier. Et cette solution est parfaitement logique. En effet, quel est le fondement de l'obligation alimentaire du fils? Ce sont les liens de parenté, d'affection, les devoirs de piété et d'assistance. Or, par la mort du fils, ils disparaissent; l'obligation, qui en est la conséquence, doit donc tomber avec eux.

Mais cette même loi 5, § 17, *in fine*, apporte une restriction qui me semble singulièrement faire brèche au au principe de l'intransmissibilité de la dette alimentaire; en effet, après avoir dit que l'héritier du fils n'est pas tenu de nourrir le père de ce dernier, le texte ajoute : *nisi in summam egestatem deductus*. Or, comme en droit romain, on se montre très-rigoureux dans l'appréciation du besoin, et qu'on exige ordinairement, pour le reconnaître, l'indigence ou le dénûment, nous nous retrouvons ici dans le droit commun; et, s'il est vrai de dire qu'en principe, la dette alimentaire est intransmissible, il faudra reconnaître qu'en fait elle est transmissible, et que l'exception détruit la règle. Mais Voët, *ad Pandectas*, lib. 25, tit. 3, § 18, nous indique dans quel sens il faut entendre les expressions que je viens de citer : elles n'apportent une dérogation au principe de l'intransmissibilité de la dette alimentaire, que dans le cas où le père n'a pas la faculté de travailler, n'a pas de proche parent, comme un fils ou un frère, qui puisse lui fournir des aliments.

On peut se demander quelle est, au juste, la sphère d'application de la loi 5, § 17, précitée; car enfin le père n'a guère besoin d'aliments, puisqu'il a contre le testament de son fils où il aura été omis, la *querela inofficiosi testamenti*, qui le mettra en possession des biens de la succession de ce fils. Sans doute, on m'objectera que le père peut avoir perdu le droit de se plaindre, s'il existe contre lui une cause d'exhérédation ; mais alors je réponds qu'il ne peut non plus être question de demande d'aliments (N° 4).

Cependant, le § 17 de notre loi 5 précitée n'est pas sans application : ainsi, le cas qu'il prévoit se présentera si le père a laissé écouler le délai pour intenter la *querela inofficiosi testamenti*, s'il s'est désisté de son action (L. 8, § 1, Dig., *De inoff. testam.*) ; si le père a reçu du *de cujus* une donation entre vifs, avec déclaration qu'elle lui tiendrait lieu de légitime, et s'il l'a dissipée (L. 25, Dig., *De inoff. testam.*)

46. — Cette instransmissibilité de l'obligation alimentaire légale la différencie des obligations alimentaires contractuelles et testamentaires : l'héritier du débiteur est, en effet, tenu de ces dernières. La raison de cette différence est facile à donner : dans un cas, la cause de l'obligation alimentaire, c'est l'*officium pietatis*, et, entre personnes non parentes, cette cause cesse d'exister; or, *cessante causâ, cessat effectus*. Au contraire, la cause de la dette alimentaire contractuelle ou testamentaire, c'est le contrat ou le quasi-contrat dont l'effet est de lier non-seulement le contractant, mais ses héritiers.

47. — La quotité de la prestation alimentaire est proportionnelle à la fortune du débiteur d'aliments « *pro modo facultatum* (L. 5, §§ 6 et 10, Dig., *De agnosc. et alend. liberis*); par suite, elle varie avec chaque individu soumis à l'obligation alimentaire. Bien plus, pour ce

même débiteur, la prestation alimentaire subira des modifications et suivra les fluctuations de sa fortune. Un raisonnement bien simple m'amène à ce résultat, par déduction des deux paragraphes que je viens de citer. Ces textes disent, en effet, comme plusieurs autres encore, d'ailleurs, que la prestation alimentaire sera en proportion des facultés de celui qui doit la fournir « *pro mo lo facultatum;* » or, supposons que la fortune du débiteur alimentaire vienne à baisser dans une proportion notable: si le chiffre de la pension était maintenu, il ne serait plus en rapport avec la fortune du débiteur d'aliments, et la loi ne serait plus observée. La dette alimentaire étant *variable*, est donc, par voie de conséquence, *réductible*; et la loi 5, § 25, Dig., *De agnosc. et alend liberis*, confirme mon raisonnement, en prévoyant précisément un cas de réduction : « *arbitraturus quantum sit in facultatibus, ut perinde possint alimenta moderari.* » Je crois pouvoir ajouter qu'en sens contraire, si la fortune du débiteur prenait un véritable accroissement, la dette alimentaire devrait être augmentée, pour être, ainsi que le veulent les textes « *pro modo facultatum.* »

18. — Les aliments étant attribués à un individu dont ils sont la seule ressource, il importait que le débiteur ne pût pas à son gré refuser de faire la prestation alimentaire; aussi le juge avait-il, en droit romain, le pouvoir de garantir par une hypothèque le paiement de la dette alimentaire. Et, en effet, qui veut la fin, veut les moyens: si le débiteur était un homme de mauvaise foi, ou d'une prodigalité excessive, il fallait sauvegarder par un gage ou une hypothèque la prestation alimentaire. Et la loi 5, § 10, Dig., *De agnosc. et alend liberis*, prévoyant le refus de paiement de la pension, confirme ce que j'avance,

en ajoutant : « *pignoribus captis et distractis cogetur sententiæ satisfacere.* »

49. — L'*Oratio* de Marc-Aurèle (L. 8, § 9. Dig., *De transactionibus*) défend les transaction sur les aliments laissés par testament, à moins qu'elles ne soient faites dans certaines conditions. Je conclus par *à fortiori* de cette loi 8, prise dans son ensemble, que la transaction sur la dette alimentaire légale n'est pas permise. En effet, quel est le but qui a inspiré l'empereur Marc-Aurèle dans son *Oratio?* il s'en explique lui-même dans la loi 8: c'est, dit-il, parce que l'on transigeait trop facilement sur les aliments, satisfait que l'on était d'un modique avantage immédiat (L. 8, *in pr.*), et qu'il n'a point voulu que les aliments pussent être ainsi interceptés par une transaction : « *Noluit enim Oratio alimenta per transactionem intercipi.* » (L. 8, § 6, *in fine*). Or, ce motif qui a déjà une grande valeur, quand il s'applique aux aliments laissés par testament, a une bien plus grande force, quand il s'agit d'aliments dus en vertu de la loi. En effet, au cas d'aliments laissés par testament, le bénéficiaire peut n'être pas dans le besoin : « *Nihil autem interest... satis locupletes an minus* »; tandis que l'ayant-droit aux aliments, en vertu de la loi, ne peut les obtenir que s'il est dans le dénûment, dans la misère; c'est donc surtout à ce dernier qu'il importe de défendre aucune transaction sur les aliments qui lui sont dus; c'est à lui surtout qu'il convient d'appliquer le texte déjà cité de l'*Oratio*: « *noluit alimenta per transactionem intercipi.* »

De ce que le bénéficiaire des aliments ne peut disposer par transaction de sa créance alimentaire, j'en conclus qu'il n'a le droit d'en disposer d'aucune autre manière; ainsi il ne pourrait y renoncer, car, renoncer aux aliments, ce serait renoncer aux moyens de vivre; or, personne n'a ce droit. Il ne peut non plus la donner en compensation, car ce serait se priver encore des moyens d'existence. Il ne pourrait pas davantage céder ou déléguer sa créance alimentaire; en effet, du moment où le droit aux aliments ne repose plus sur la tête du bénéficiaire dans le besoin, il n'a plus sa raison d'être. Il ne se conçoit même point : le caractère de la dette alimentaire implique qu'elle est exclusivement personnelle à l'ayant-droit, et cela, parce qu'elle dérive *ex officio pietatis*, parce qu'elle est fondée sur le besoin du demandeur en aliments, et que tout cela n'existe plus, quand il s'agit de faire passer le droit aux aliments entre les mains d'une autre personne que le bénéficiaire.

CHAPITRE V.

De la répétition des aliments.

50. — Un tiers a fourni des aliments à une personne dans le besoin ; aura-t-il une action en répétition pour se faire rembourser ses dépenses, soit contre les personnes

tenues de l'obligation alimentaire vis-à-vis de celui qui a reçu les aliments, soit même contre ce dernier ?

Cette question est complexe, et pour lui donner une solution complète, il faut envisager successivement les hypothèses qu'elle comprend, et les points accessoires qui s'y rattachent.

Un point certain, tout d'abord, c'est que celui qui a fourni des aliments en vertu d'une obligation légale, ne peut en aucune façon agir en répétition contre l'ayant-droit qui les a reçus. Un père a fourni des aliments à son fils dans le besoin; plus tard, celui-ci acquiert une succession : le père pourra-t-il répéter de son fils les déboursés qu'il a faits pour le nourrir, alors qu'il était dans le besoin? non, assurément; car il n'a fait qu'acquitter envers son fils une dette que la loi lui imposait, et celui-ci n'a reçu que ce à quoi il avait droit.

51. — Il est encore un second point qui ne fait pas de doute : c'est qu'il n'y a lieu non plus, à aucune action en répétition de la part de celui qui a fourni des aliments à une personne, à titre gratuit, et sans intention d'en exiger le remboursement « *non credendi animo, sed pietate ductus.* » L. 15, C., *De negotiis gestis*).

Dans quels cas cette intention existera-t-elle ? et surtout à quels signes, à quelles circonstances pourra-t-on la reconnaître? Le jurisconsulte Paul a très-bien répondu : « *Hæc disceptatio in factum consistit.* » (L. 34, Dig., *De negotiis gestis.*)

52. — J'arrive maintenant à la solution de la question que j'ai posée au commencement du N° 50, et je vais examiner d'abord l'action en répétition du tiers qui a fourni les aliments, contre la personne tenue de l'obligation alimentaire.

Le principe qui domine la matière, c'est que lorsqu'une personne gère utilement l'affaire d'une autre, elle a une action pour se faire indemniser (L. 43, Dig., *De negot. gest.*) Or, le tiers qui a fourni des aliments, a-t-il utilement géré l'affaire du débiteur alimentaire ? toute la question est là. Si oui, elle aura contre lui l'action en répétition ; dans le cas contraire, cette action lui sera refusée.

53. — Voyons les applications que les textes font de ce principe. Un fils de famille sans pécule a emprunté de l'argent pour se nourrir : le prêteur aura-t-il l'action en répétition contre le *paterfamilias* ? Oui, répond la loi 3, § 3, Dig., *De in rem verso*; il pourra réclamer au père ce qu'il a prêté au fils, dans la mesure du profit que le père a retiré de cette avance. En effet, ce dernier était tenu envers son fils de l'obligation alimentaire ; le prêteur, en avançant au fils l'argent que le père eût dû lui fournir, a donc utilement géré l'affaire de celui-ci ; par conséquent (L. 3, § 3, précitée), il doit avoir contre lui une action en répétition.

Un tuteur a fourni des aliments à la mère de son pupille ; pourra-t-il répéter du pupille, ou, ce qui revient au même, pourra-t-il porter au passif du compte du pupille (*imputare*), les déboursés qu'il a faits pour la mère ? Oui, dit Ulpien, si ces dépenses ont été faites pour satisfaire à l'obligation alimentaire dont un fils riche est tenu à l'égard de sa mère dans le besoin (L. 1, § 4, Dig., *De tutelæ et ration. distrah.*).

Une mère, du vivant de son mari, a fourni des aliments à son fils ; or, nous savons que la mère n'est tenue qu'à défaut du père (N° 40). En subvenant aux besoins de son fils, la mère a donc fait l'affaire du père, et si elle a fait ces déboursés avec l'intention de les recouvrer « *non maternâ liberalitate, sed recipiendi animo* », elle peut les réclamer au père, dans la mesure où ils lui ont profité (L. 5, § 14. Dig., *De agnosc. et alend liberis* ; et surtout L. 11. C., *De negot. gest.*)

54. — Dans ces textes et autres encore, que je pourrais citer, il n'est question que de la répétition des aliments exercée contre la personne tenue d'après la loi d'en fournir. Je vais examiner maintenant si le tiers qui a fourni les aliments, a en outre, et subsidiairement, une action en répétition contre ceux mêmes à qui il les a fournis.

Une personne, de son plein gré, et sans mandat, a a fourni des aliments à un enfant qui, pour une raison quelconque, n'en recevait pas de son père ou de ses autres débiteurs alimentaires ; elle a, nous venons de le voir, une action en répétition contre ces derniers ; mais s'ils sont devenus insolvables, aura-t-elle subsidiairement, contre l'enfant une action en répétition d'aliments ?

Pour la négative, on dit que l'action *negotiorum gestorum* n'est accordée que lorsque le gérant a eu l'intention de faire l'affaire de la personne même que cette gestion concernait. Or, le but du tiers qui a fourni les aliments, dans notre espèce, a été de gérer l'affaire de la personne obligée par la loi de fournir des aliments, et non celle de l'enfant ; donc, il ne saurait avoir contre ce dernier, d'action en répétition.

Je crois l'affirmative mieux fondée. En effet, la loi 2, Dig., *De negot. gest.*, accorde l'action *negotiorum gestorum* toutes les fois que l'on a fait pour une personne une chose favorable à ses intérêts : « *quidquid utiliter in rem ejus impenderit...., habeat eo nomine actionem.* »

La loi 45, § 2, Dig., *De negot. gest.*, me paraît rejeter l'opinion contraire, en déclarant qu'il y a lieu à l'action *negotiorum gestorum*, même contre celui dont on a géré l'affaire, alors qu'on croyait gérer celle d'un autre. C'est qu'en effet, dans le droit classique, on consultait surtout l'équité, et dans tous les cas où elle l'exigeait, le préteur, notamment en matière de gestion d'affaires, accordait une action utile - *quia æquum est in damnum eum non vertari* (L. 45, § 2, précitée).

Passons à une autre hypothèse. Des enfants ont reçu des aliments d'une tierce personne à qui leur père avait donné mandat d'en fournir ; peut-elle, en supposant que son recours contre le père devienne inefficace, agir en répétition des aliments contre ces mêmes enfants ?

Pour la négative, on dit que lors même qu'un mandat a été donné dans l'intérêt d'un tiers, *aliénâ gratiâ* (L. 2, Dig., *Mandati*), le mandataire n'a d'action que contre le mandant, c'est-à-dire contre celui-là seul avec lequel il a contracté ; et l'on en conclut que, dans l'espèce, le tiers qui a fourni les aliments, n'a d'action que contre le père.

Je suis d'un avis différent, et je crois que ce tiers peut agir en répétition contre les enfants mêmes. Sans doute, je ne ferai pas découler ce droit en sa faveur du mandat qui est intervenu entre le père et lui, mais du quasi-contrat de gestion d'affaires, comme dans les cas précédents. En effet, qu'importe que le tiers ait fourni des aliments aux enfants, spontanément ou en vertu d'un mandat ? ce point aura de l'intérêt en ce qui concerne le recours du tiers qui a fourni les aliments, vis-à-vis du père ; mais entre le tiers et les enfants, cela n'a aucune conséquence : dans un cas comme dans l'autre, il ne s'agit que d'une action dérivant du quasi-contrat de gestion d'affaires. Or, cette action est-elle fondée? l'affaire des enfants a-t-elle été gérée utilement? Tout est là. Si l'on reconnait qu'en effet les enfants ont retiré un avantage de la gestion d'affaires, je ne vois pas pourquoi ou refuserait contre eux une action en répétition. C'est parce que le mandat venait du père, me dit-on, et que celui-ci doit, par conséquent, être seul obligé. Mais à cela je réponds : A l'occasion d'un mandat donné par une personne, je puis fort bien gérer en même temps, très-utilement l'affaire d'une autre personne, et créer en ma faveur deux actions : l'une *mandati contraria* contre mon mandant, l'autre *negotiorum gestorum* contre celui dont j'ai fait l'affaire en accomplissant mon mandat.

D'ailleurs, les résultats de cette action subsidiaire contre les enfants ne sont pas à craindre : cette action en répétition procède, ai-je dit, du quasi-contrat de gestion d'affaires; donc il faudra que les enfants aient retiré de la gestion un avantage réel. Si les dépenses ont été excessives, si le tiers qui a fourni les aliments n'en a pas obtenu le remboursement par négligence, incurie, retard ou tout autre motif imputable à faute, l'affaire des enfants n'aura pas été gérée utilement; mais si l'on reconnait que les dépenses ont été utiles, avantageuses aux enfants, si, enfin, le tiers n'est pas en faute de n'avoir pu obtenir son remboursement du père, je ne vois pas pourquoi on lui refuserait une action qui n'a, ce me semble, rien de contraire aux textes, et que l'équité réclame en sa faveur.

CHAPITRE VI.

Procédure en matière d'aliments.

55. — Une règle bien connue à Rome était qu'entre père et fils de famille, il n'existait aucun rapport, soit de créance, soit de dette civile, si ce n'est, toutefois, relativement aux différents pécules du fils ; ils ne pouvaient avoir un procès ensemble, et jouer vis-à-vis l'un de l'autre les rôles de demandeur et de défendeur (L. 4, Dig., *De judiciis*). La raison de ces dispositions était bien simple : hormis les pécules, tout ce que le fils de famille acquérait, était acquis pour son père, sous la puissance duquel il se trouvait, et, d'autre part, la puissance paternelle, si ferme, si rigoureuse, à Rome, n'eût pas permis que le fils figurât dans un procès contre son père. » *Parentes naturales in jus vocare nemo potest; una est enim omnibus parentibus servanda reverentia* » (L. 6, Dig., *De in jus vocando*).

Or, cette règle ne s'applique pas en matière d'obligation alimentaire, et la question des aliments peut donner lieu à un procès entre le père et le fils de famille. Cette

dérogation au droit commun est, d'ailleurs, bien justifiée : un père ne saurait avoir le droit de laisser son
enfant mourir de faim.

56. — Il y avait, à Rome, deux sortes de procédures :
l'une *ordinaire*; l'autre dite *extraordinaire*, et dans laquelle, sans passer par toutes les formalités de la procédure ordinaire, on arrivait à se faire rendre justice
promptement : c'est cette procédure extraordinaire qui
était employée dans les quest'ns d'aliments dus en vertu
de la loi. « La demande en aliments, dit M. de Savigny,
Histoire du droit romain, t. ii, chap. ii, p. 117, n'est pas un
ordinarium judicium, mais une *cognitio extraordinaria*
confiée à un magistrat. » Cette procédure ne s'applique,
bien entendu, qu'en matière d'obligation alimentaire
légale; les questions d'aliments dus par suite d'un contrat ou d'un testament, restent soumises au droit commun.
Dans cette procédure extraordinaire, il n'y a pas de distinction entre le *jus* et le *judicium*, pas de rédaction de
formule, pas d'institution de juge; le demandeur assigne
directement son adversaire devant le magistrat compétent
qui juge sur-le-champ. Ainsi l'action en aliments rentre
dans celles qui, suivant la loi 178, § 2, Dig., *De verb.
signif.*, « *non habent juris ordinarii executionem.* »

57. — Quelle est la nature de l'action en aliments?
M. de Savigny t. ii, chap. ii, p. 117, répond ainsi à
cette question : « Les textes ne disent pas expressément
quelle est la nature de l'action en aliments; ils ne disent
pas expressément que cette action est *in æquum et bonum
concepta*; mais elle l'est en réalité, car le juge appelé à
apprécier les besoins du demandeur et les facultés du
défendeur, a évidemment plus de latitude que dans la
plupart des actions (L. 5, §§ 2 et 7 Dig., *De agnosc. et alend.*

liberis. » Ainsi l'action en aliments est une action de bonne foi : le juge règle sa décision sur la satisfaction à donner au demandeur, d'après l'équité et la bonne foi « *ex æquo et bono.* » Mais c'est seulement sur ce point que le juge a le pouvoir de décider *ex æquo et bono*, car il ne saurait apprécier d'après l'équité, l'existence même du droit aux aliments.

58. — Pontanus, *De alimentis*, cap. ii, N° 22, dit que la procédure, en matière d'aliments, est populaire, de telle sorte que la mère, les parents de l'ayant-droit dans le besoin, le premier venu enfin, pourront demander pour lui devant le juge des aliments contre la personne qui en est débitrice.

1° En faveur de cette opinion, on peut citer la loi 4, Dig., *Ubi pupillus educ. vel morari*, qui autorise les parents et les cognats du pupille à demander pour ce dernier des aliments au magistrat.

2° De plus, les Instituts, liv. iv, tit. 18, §§ 1 et 0 combinés, indiquent comme publique la procédure tendant à la poursuite des parricides et des assassins ; or, la loi 4, Dig., *De agnosc. et alend. liberis*, dit expressément : « *Necare videtur is qui alimenta denegat.* »

Je n'admets point cette opinion, et aux arguments qu'elle invoque, je réponds : 1° Que, sans doute, celui qui refuse des aliments peut bien, dans un langage imagé et quelque peu métaphorique, être assimilé à un assassin ; mais qu'on ne saurait tirer de cette analogie prétendue, et sans un texte tout-à-fait positif, cette conséquence si grave : que l'action doit être *popularis* comme l'action intentée contre les assassins et les parricides ;

2° Que la loi 4, au Digeste, *Ubi pupillus educ. vel morari*, n'est pas probante, car elle s'applique à un tuteur ;

or, on ne peut conclure de ce qui a lieu pour le tuteur à ce qui doit avoir lieu pour les débiteurs alimentaires. En effet, le tuteur peut être pour le pupille un *extraneus*, tandis que le débiteur d'aliments sera le plus souvent un père, une mère, un fils, tous unis au demandeur en aliments par les liens les plus étroits du sang et de l'affection, et qui ne refuseront des aliments que pour des motifs tout-à-fait graves. Le tuteur, au contraire, s'il est *extraneus*, peut apporter de la négligence dans les affaires du pupille ; or, ce dernier est toujours incapable de défendre lui-même ses intérêts ; il importait donc de laisser à ses parents ou amis, le droit de protéger ses intérêts compromis par le tuteur. Il en est tout autrement en ce qui concerne la dette alimentaire légale : les créanciers alimentaires seront le plus souvent très-capables de faire valoir eux-mêmes leurs droits ; ils n'ont donc pas besoin qu'on laisse ce soin à d'autres personnes. Et cela doit être admis d'autant mieux que le droit aux aliments est un droit tout personnel, un droit de famille, et dans lequel des tiers ne sauraient avoir la faculté de s'immiscer. Qui mieux que l'ayant-droit aux aliments, peut connaître sa situation et ses besoins ? Qui sait mieux que lui la possibilité pour son parent d'y satisfaire, et pourquoi donner à d'autres le pouvoir de juger des questions si délicates ? Déclarer *populaire* l'action en aliments, c'est, ce me semble, créer pour des étrangers un droit qu'aucun texte ne consacre, et leur permettre de porter le trouble dans les familles.

50. — Une particularité de l'action en aliments, c'est qu'elle peut être intentée un jour férié (L. 2, Dig. *De feriis et dilationibus*). La demande d'aliments, en effet, ne souffre point de retard, et doit recevoir, aussitôt que possible,

satisfaction ; c'est ce motif qui a fait admettre pour cette demande une procédure sommaire. C'est le même motif, qui justifie une autre dérogation de l'obligation alimentaire au droit commun, en ce qui concerne l'exécution des jugements. En effet, les XII Tables (table III) accordaient au débiteur condamné, trente jours pour satisfaire volontairement à la condamnation. Pendant ces trente jours, aucune contrainte ni sur la personne, ni sur les biens du débiteur, ne pouvait être exercée, sauf, toutefois, certaines circonstances ou cas d'urgence, dans lesquels le magistrat pouvait abréger ce délai. Or, en matière de demande d'aliments, cet armistice des *triginta dies justi* pour l'exécution de la condamnation n'a pas lieu : la loi 2, Dig., *De re judicatâ*, le déclare expressément.

60. — Je dois maintenant faire connaître quel était le juge compétent, en droit romain, pour les questions d'obligation alimentaire. Les lois 9, au Code, *De patria potestate*, et 1, C., *De alim. pupillo præst.* font mention du président. D'autre part, l'inscription de la loi d'Ulpien (L. 5, Dig., *De agnosc. et alend. liberis*), indique bien que le magistrat compétent était le consul. Le président exerçait sa juridiction dans les provinces, et le consul à Rome.

Ulpien nous dit que dans les procès entre patrons et affranchis, on a coutume de nommer un arbitre pour s'informer des besoins du demandeur et des ressources du défendeur (L. 5, § 25, Dig., *De agnosc. et alend. liberis*). Faut-il étendre cette décision au cas de parents tenus de la dette alimentaire? Je ne vois rien qui s'y oppose. La Novelle, 89, cap. XII, § 6, après avoir dit que les frères naturels peuvent demander des aliments à leurs frères légitimes, ajoute même : « *Secundum substantiæ mensu-*

ram a viro bono arbitratam. » Le *bonus vir* dont parle la Novelle, n'est autre que *l'arbiter* mentionné dans la loi 5 précitée.

61. — La suite naturelle des idées m'amène à parler ici des moyens de contraindre à l'exécution de la condamnation, le débiteur alimentaire. J'en ai déjà parlé dans différents endroits; aussi ne ferai-je que rappeler les points que j'ai exposés, en les complétant par quelques détails.

Le mode d'exécution de droit commum était la *pignoris capio* (L. 1, C., *De execut. rei judic.*) L'individu qui se refusait à payer la dette alimentaire à laquelle il avait été condamné par le magistrat, était contraint à l'exécution du jugement par la saisie et la vente de ses biens : » *pignoribus captis et distractis cogetur sententiæ satisfacere.* » (L. 5, § 10, Dig., *De agnosc. et alend. liberis.*)

Le patron qui ne voulait point fournir d'aliments à son affranchi, perdait tous les avantages qui résultaient pour lui de l'affranchissement (L. 33, Dig., *De bonis libert.*)

Nous avons vu aussi que l'affranchi qui refuse des aliments à son patron, retombe sous sa puissance ou est vendu à un acheteur pour un prix qui est remis au patron (L. 6, § 1, Dig., *De agnosc. et alend. liberis; L. 2, C., De libertis et eorum liberis).* La loi 7, *in fine,* Dig., *De jure patronatus,* nous signale une autre peine contre les affranchis : le fouet.

62. — Il peut arriver que l'individu actionné en pension alimentaire, en qualité de père ou de fils du demandeur, nie précisément cette qualité. Or, comme l'obligation alimentaire dérive de ces liens de parenté et d'affection qui existent entre les personnes tenues vis-à-vis l'une de l'autre de la dette alimentaire, il s'ensuit qu'avant de

trancher la question d'aliments. il faut décider une question d'état : c'est ce qu'on appelle une *question préjudicielle*. Les lois S et 5. § 8. Dig., *De agnosc. et alend liberis*, 3 et 4, C., *De alend liberis*, 9, C., *De patriâ potest.*, qui prévoient expressément cette hypothèse, décident que cette question préjudicielle sera jugée *summatim*. Si, par ce mode de procéder, le juge reconnait que le défendeur, a précisément la qualité de père, de fils, ou toute autre qui donne naissance à l'obligation alimentaire, il le condamnera à fournir des aliments au demandeur; dans le cas contraire, il déboutera ce dernier de ses prétentions.

Il convient de remarquer que cette procédure *sommaire* n'est employée, pour une question d'état, que lorsque celle-ci est décidée incidemment à une demande d'aliments ; le procès principal étant jugé sommairement, les controverses devaient être jugées de la même manière, précisément afin de ne pas perdre le bénéfice de la procédure sommaire, justifiée par l'urgence, en matière d'aliments.

Mais alors, la décision quant à la question d'état, résultant de cette procédure. n'a d'effet que relativement à la demande en aliments. et ne tranche nullement la question d'état, d'une façon définitive. L'adjudication temporaire des aliments ne saurait porter aucun préjudice à la vérité; or, la décision sur la question d'état n'ayant pas été entourée de toutes les garanties nécessaires en semblable matière, la justice commandait d'en restreindre l'effet au procès en aliments, car enfin ce n'était pas une question d'état que le juge était appelé à trancher dans le procès, mais une question d'obligation alimentaire : « *Non enim hoc pronunciatur filium esse, sed ali debere.* » (L. 5, § 9, Dig., *De agnosc. et alend liberis*).

63. — Pour terminer, disons un mot de l'appel. En droit commun, pour les matières civiles et criminelles, l'appel suspend l'exécution de la condamnation (Loi unique, Dig , *nihil innovari appell.* ; L. 32, §§ 4 et 5, C., *De appellationibus*; nov. 134, cap. III, *in fine*). En était-il de même en matière de questions d'aliments ? On a essayé de soutenir qu'ici l'appel n'était pas suspensif, en invoquant en ce sens, la loi 27, § 3, Dig., *De inoff. test.* Mais ce texte dont j'ai déjà parlé (ci-dessus, N° 26), n'a trait qu'à une *provision alimentaire* à fournir pendant les délais d'appel sur une question de testament inofficieux ; et je ne connais aucun texte qui ait trait directement à l'appel sur une question de dette alimentaire. Toutefois, étant donné le caractère d'urgence de ces sortes de demandes, caractère qui motive même, ainsi que nous venons de le voir, une procédure tout-à-fait spéciale, j'incline à croire que l'appel n'était pas suspensif.

APPENDICE

ALIMENTS DUS PAR LA DISPOSITION DE L'HOMME.

Avant-Propos. — Je viens d'examiner, dans le travail qui précède, les textes qui ont trait à l'obligation alimentaire en droit romain; j'ai tâché d'épuiser toute la matière qui correspond à la dette alimentaire légale en droit français. J'ai donc terminé le sujet que je m'étais proposé de traiter, et qui fait le véritable objet de cette thèse.

Cependant, à côté de l'obligation alimentaire dérivant de la loi, il y a la même obligation dérivant des dispositions testamentaires. Elle fait la matière, au Digeste, d'un titre important intitulé : *De alimentis vel cibariis legatis* (L. 34, tit. 1). Bien qu'elle ne rentre pas directement dans le sujet de ma thèse, il y a entre les aliments dus en vertu de la loi, et ceux dus en vertu de dispositions testamentaires, une telle connexité que je crois devoir élargir le plan de mon étude sur l'obligation alimentaire en droit romain, en y ajoutant un appendice ayant trait aux *aliments dus par la disposition de l'homme.*

Toutefois, mon intention n'est pas d'approfondir toutes les matières contenues sous le titre *De alimentis vel cibariis legatis* et autres textes qui le complètent; elles fourniraient amplement, à elles seules, le sujet d'une thèse exclusivement relative *aux aliments dus par la disposition de l'homme.* Mon but est de signaler dans les textes, les questions les plus intéressantes, les points les plus saillants, les plus curieux à examiner.

Ainsi, un travail complet sur le sujet qui fait la matière de mon appendice, pourrait se diviser en six chapitres répartis de la manière suivante :

Chapitre i. Objet du legs d'aliments; ses modalités.

Chapitre ii. A quelles personnes peut-on faire ces sortes de legs.

Chapitre iii. De l'ouverture du legs d'aliments; de sa durée.

Chapitre vi. Des caractères du legs d'aliments : il est intransmissible; il n'est susceptible de transaction que sous certaines conditions, etc...

Chapitre v. Des exécuteurs ou dispensateurs des legs d'aliments.

Chapitre vi. Particularités du legs par lequel le testateur a laissé *ea quæ ritus præstabat.*

Or, dans cette matière étendue, je n'effleurerai que quelques points. Je grouperai dans un premier paragraphe les caractères saillants du legs d'aliments, et je ferai, dans deux autres paragraphes, une étude de la transaction et des dispensateurs en matière de legs d'aliments.

§ 1. *Des caractères distinctifs du legs d'aliments.*

64. Modalités du legs d'aliments ; différences entre le legs d'aliments pur et simple, et le legs d'aliments annuel ou mensuel.

65. Comparaison du legs annuel à titre d'aliments avec le legs annuel non à titre d'aliments.

66. Particularités du legs d'aliments.

67. De l'ouverture du droit aux aliments dérivant du legs ; de sa durée et de sa fin.

64. — Le legs d'aliments dérive uniquement de la volonté du testateur; or, cette volonté pouvant revêtir

des formes très-différentes, les formes et modalités des legs d'aliments seront variables suivant les volontés diverses des testateurs. On peut cependant remarquer parmi elles deux formes habituelles : le legs d'aliments *pur et simple*, qui n'est accompagné d'aucune explication relative au mode d'exécution; le legs d'aliments *annuel* ou *mensuel*, c'est-à-dire celui par lequel le disposant ordonne que telle somme sera remise par année ou par mois au légataire.

Il y a entre le legs d'aliments *pur et simple*, et le legs d'aliments *annuel* ou *mensuel*, des différences notables que je dois citer, et que Cujas nous signale, t. 7, c. 1265, D. E. : 1° *Au point de vue de la prestation.* Le legs pur et simple d'aliments a pour objet des secours à fournir pour pourvoir aux besoins du bénéficiaire du legs, suivant que ces besoins se présentent, par petites portions ordinairement, et à des intervalles assez rapprochés, « *minutatim, frustillatim, in dies horasve singulas ea præstantur,* » dit Cujas, *loc. cit.* Pour le legs annuel ou mensuel d'aliments, au contraire, il s'agit d'une somme à verser au légataire, au commencement de chaque année ou de chaque mois, pour sa nourriture et son entretien (L. 1, C., *Quando dies legati*).

2° *Au point de vue de la caution.* Le legs pur et simple d'aliments est bien soumis à la Falcidie (L. 68, Dig., *De lege Falcidiâ*); mais il n'est point soumis à la caution donnée par les légataires pour garantir la remise de ce qu'ils ont pris en plus de la portion leur revenant d'après la loi Falcidie. Le bénéficiaire de ce legs pur et simple d'aliments, étant pauvre, aurait été dans l'impossibilité de trouver un fidéjusseur (L. 3, § 4, Dig., *Si cui plus quam per legem*). La même raison n'existe point pour les legs annuels ou mensuels d'aliments, lesquels sont souvent donnés à une personne qui n'est pas dans le besoin, à un jeune homme prodiguo, par exemple, pour l'empêcher de dissiper les biens légués en lui fournissant chaque année ou chaque mois, ce qui lui est nécessaire ; aussi ne lui a-t-il pas été fait remise de la satisdation.

65. — Je viens de signaler les différences qui distinguent le legs pur et simple d'aliments du legs annuel ou mensuel d'aliments ; je dois comparer maintenant le legs annuel à titre d'aliments, et le legs annuel ordinaire, non à titre d'aliments.

Et d'abord, signalons une analogie, savoir : que ces deux legs sont dus *initio anni* (LL. 5 et 22, *De annuis legatis; L. 1, C., quando dies legati.*)

Passant aux différences entre ces deux sortes de legs, nous trouvons les suivantes :

Première différence : Quant à l'ouverture des legs. Le legs annuel à titre d'aliments ne s'ouvre point à la mort du testateur, mais à l'addition d'hérédité (LL. 3 et 5, § 1, Dig., *Quando dies legatorum;* V. Cujas, t. 9, c. 832, D.) Au contraire, le legs *in singulos annos*, non à titre d'aliments, s'ouvre au jour du décès du testateur, et non lors de l'addition d'hérédité : « *hujus legatid iem ex die mortis cedere, non ex quo adita est hereditas.* » (L. 12, § 3, Dig., *Quando dies legati.*)

Deuxième différence : Quant à la durée. Le legs annuel d'aliments finit nécessairement par la mort des légataires, sans passer à leurs héritiers (L. 8, Dig., *De annuis legatis;* L. 26, *in fine*, Dig., *Quando dies legati*). Le legs annuel non à titre d'aliments ne finit pas nécessairement à la mort du légataire, il faut rechercher à cet égard l'intention du testateur.

Troisième différence : *Quant à la transaction.* Sur les aliments futurs laissés par un legs annuel à titre d'aliments, le légataire ne peut transiger sans autorisation du magistrat (L. 8, Dig., *De transactionibus*); au contraire, le legs annuel non à titre d'aliments est susceptible de transaction.

Quatrième différence: *Quant aux droits des dispensateurs de legs.* Le dispensateur d'un legs à titre d'aliments peut *petere* les biens devant servir à l'exécution de ce legs ; en ce qui concerne les legs *extra causam alimentariam*, le dispensateur n'a point ce droit (L. 9, Dig., *De alim vel cib. legalis.*)

66. — En droit commun, le legs est nul quand il est fait à une personne avec laquelle le testateur n'a point faction de testament. Au contraire, l'esclavage même n'empêche point l'exercice du droit résultant d'un legs d'aliments. Ainsi le *servus pœnœ* est habile à recueillir un legs d'aliments : c'est ce qui résulte des lois 11, Dig., *De alim. vel cib. legalis.* Tout autre legs, au contraire, fait à un *servus pœnœ* serait nul, car il est personnellement incapable de le recevoir, et il n'a pas de maître pour qu'il puisse l'acquérir (L. 3 *pr.* Dig. *De his quœ pro non scriptis.*)

Le legs d'une rente viagère était un legs qu'un esclave n'eût pu recueillir personnellement ; aussi, pendant tout le temps de l'esclavage, on convertit, d'après l'intention évidente du testateur, la rente annuelle en un legs d'aliments que l'esclave était dès lors capable de recevoir et son maître était tenu de lui délivrer (L. 16. Dig., *De annuislegalis*).

J'admets par analogie, et même par *à fortiori*, que le legs d'aliments fait à un déporté est valable. Pas plus que dans le cas précédent, il est vrai, l'individu déporté n'a faction de testament avec le disposant, mais sa situation est moins grave que celle du *servus pœnœ*. D'ailleurs, s'il était possible d'élever le moindre doute sur la validité du legs fait au déporté, ce ne serait qu'en ce qui concerne le testateur *paganus*, car, nous savons que les testaments des militaires ne sont soumis qu'au droit des gens, sans être astreints aux formalités et règles du droit civil. Or, les déportés participent aux bénéfices résultant pour eux du droit des gens.

Puisque je mentionne les caractères distinctifs du legs d'aliments, je crois devoir signaler une différence entre les actions qui sanctionnent l'obligation alimentaire dérivant d'un legs, et celle qui découle directement de la loi : la première est sanctionnée par l'action *ex legato*, et la seconde par une *condictio ex lege*.

67. — J'ai dit (N° 65) que le legs d'aliments s'ouvrait à l'époque de l'adition d'hérédité : c'est une dérogation au droit commun. Les legs, en effet, s'ouvrent ordinairement lors de la mort du testateur, et cette disposition a été ainsi établie pour empêcher les héritiers institués d'apporter du retard dans l'adition. Sans elle, ceux-ci eussent fort bien pu reculer l'époque de l'adition pour mettre obstacle à l'ouverture du droit aux legs, au profit des légataires, et, par suite à la transmission de ce droit aux héritiers. Mais ces considérations n'existent pas en matière de droits tout-à-fait personnels aux légataires, comme l'usufruit, l'usage, l'habitation, le droit aux aliments, ces avantages étant exclusivement attachés à une personne déterminée; la dérogation au droit commun quant à la *diei cessio* du droit aux aliments dérivant d'un legs, est donc bien justifiée (Cujas, t. 0, C. 832, D.)

Quant à la durée de ce droit, elle est réglée suivant la volonté du testateur. Le légataire peut donc avoir droit à des aliments pendant un laps de temps plus ou moins long; par exemple, tant qu'il restera dans telle maison *si cum claudio morabuntur liberti;* et ces dispositions donnent souvent lieu à des questions de fait très-délicates que nous trouvons exposées au titre du Digeste *De alimentis vel cibariis legatis* (V° notamment les lois 14 et 18).

Il faut remarquer qu'en ce qui concerne l'exécution d'un legs d'aliments à fournir jusqu'à la puberté, l'empereur Adrien avait décidé, *pietatis intuitu*, que la puberté serait dans ce cas portée jusqu'à dix-huit ans au lieu de quatorze pour les hommes, et à quatorze ans au lieu de douze pour les femmes (L. 14, § 1, Dig., *De alim. vel cib. leg.*) Si le legs constituait des aliments sans fixer la durée pendant laquelle ils seraient fournis, on interprétait la volonté du testateur en ce sens que les prestations alimentaires devaient être faites pendant toute la vie du légataire. La vie du bénéficiaire des aliments était la limite extrême de son droit. Jamais, en effet, ce dernier ne peut transmettre à ses héritiers le bénéfice de son legs, car c'est là un de ces droits qui, comme l'usufruit, est essentiellement personnel : *Constat enim alimenta cum vitâ finiri.*

Après avoir terminé cet aperçu sur les caractères et particularités du legs d'aliments, je vais aborder la seconde des questions que je me suis proposé de traiter : la transaction en matière de legs d'aliments.

§ II. *De la transaction en matière de legs d'aliments*

68. Peut-il y avoir transaction sur les aliments laissés par dispositions de dernière volonté ? — *Oratio* de Marc-Aurèle.

69. A quelles conditions ?

70. Sanction du S. C. de Marc-Aurèle.

71. Le S. C. est-il applicable aux aliments donnés entre-vifs ?

72. Le pacte de remise gratuite tombe-t-il sous l'application du S. C. de Marc-Aurèle.

68. — Un testateur a fait à une personne un legs d'aliments ; celle-ci a-t-elle la disposition entière de son legs, et peut-elle employer à son gré la somme laissée à titre d'aliments ?

Pour donner à cette question une solution conforme à l'équité et à la raison, il fallait concilier des considérations qui, prises séparément, eussent conduit à des réponses différentes. Les principes concernant la matière des legs, disaient que le bénéficiaire devait en avoir la libre disposition ; mais les motifs les plus équitables combattaient pour une solution contraire. En effet, le legs d'aliments est ordinairement fait au bénéficiaire pour satisfaire à ses besoins, s'il est indigent ; ou bien encore s'il est prodigue, pour l'empêcher, en ne lui donnant une certaine somme que chaque mois ou chaque année, de dissiper tout son patrimoine ; or, ces motifs mêmes s'opposaient à ce qu'on laissât le legs d'aliments à l'entière disposition du bénéficiaire. Un second motif portait à la même solution : c'est dans les dispositions testamentaires, il faut surtout considérer la volonté du testateur, et l'exécuter en tous points. « *uti legassit super pecunia.... ita jus esto.* » Or, l'intention du testateur était certainement de garantir contre la pauvreté, le bénéficiaire des aliments. C'est en combinant ces considérations diverses que Marc-Aurèle a donné à la question de la transaction sur les legs d'aliments une solution fort sage et très-équitable. Il défend, en effet, dans une *Oratio* rapportée par Ulpien, au Digeste, L. 8, *De transactionibus*, de transiger sans l'autorisation du préteur sur les aliments laissés par dispositions de dernière volonté, c'est-à-dire par testament, codicille, fidéicommis ou donation à cause de mort (L. 8. § 2, Dig., *eod. tit.*). A l'appui de sa décision, il donne précisément un des motifs que je viens d'indiquer (L. 8, *pr.* et § 6, Dig., *eod. tit.*), et que Cujas, t. 7, c. 1266, A, ne fait que reproduire, en disant : « *Senatus-consulto provisum est ne tenues et egeni homines, qui de alimentis pendent sub incerto vitæ humanæ, temere de alimentis sibi relictis transigerent, contenti modico præsenti.* »

D'après ce que je viens d'exposer, l'Oratio de Marc-Aurèle a un double but : le premier, d'empêcher que le bénéficiaire des aliments ne puisse, par la transaction, se couper les vivres : « *noluit enim Oratio alimenta per transactionem intercipi.* » Et la sagesse de cette disposition n'a pas besoin d'être justifiée : l'indigent ainsi que le prodigue ont besoin d'être protégés contre eux-mêmes. C'est ce prodigue que le Chrémès de Térence (*Heauton-timorumenos*, acte v, scène iii, vers 7 et suiv.) dépeint d'une façon plaisante dans les quelques vers suivants :

> ...... Quid me accusas, Clitipho ?
> Quidquid ego hujus feci, tibi prospexi et stultitiæ tuæ.
> Ubi te vidi animo esse omisso, et suavia in præsentia
> Quæ essent prima habere, neque consulere in longitudinem.
> Cepi rationem ut neque egeres, neque ut hæc posses perdere.

Le second but de l'*Oratio* a été d'interpréter aussi scrupuleusement que possible la volonté du testateur. Et, en effet, quand un testateur laisse à un ami prodigue, pour pourvoir à ses besoins, tant par mois ou par an, son intention bien arrêtée est que le bénéficiaire des aliments ne puisse aliéner la nourriture de toute sa vie pour un léger avantage présent. Or, le préteur, dont l'autorisation est nécessaire pour qu'il y ait possibilité de transaction, sera précisément juge de cette volonté, ainsi que de l'utilité de la transaction.

69. — A cet effet, il considérera tout d'abord *le motif de la transaction*. Les domiciles du débiteur et du créancier des aliments légués sont-ils éloignés de telle sorte que l'envoi de la pension annuelle ou mensuelle occasionnerait de grands frais ; — ou l'un d'eux a-t-il l'intention de changer de domicile ; — ou bien encore le bénéficiaire des aliments a-t-il un besoin immédiat d'argent? y a-t-il enfin un motif sérieux qui légitime la transaction? voilà ce que le préteur devra commencer par rechercher, car il ne saurait admettre à transiger, une personne qui n'alléguerait aucun motif valable pour le faire.

En second lieu, il examinera *le mode de la transaction*, c'est-à-dire les conditions suivant lesquelles elle doit s'effectuer, conditions qui nécessairement devront être appréciées différemment suivant l'âge et la santé des parties en cause.

Enfin le préteur aura égard *aux personnes* qui veulent transiger, à leurs positions de fortune, leurs vues en opérant cette transaction ; il verra si l'une des parties ne cherche pas à circonvenir l'autre : « *Vult Oratio apud prætorem de istis quæri : in primis de causâ transactionis ; dein de modo ; tertio, de persona transigentium* (L. 8, §§ 8, 9, 10 et 11, Dig., *De transactionibus*).

Le préteur, juge de l'utilité de la transaction sur les aliments légués, pourra, après cet examen, permettre la transaction, s'il trouve qu'elle améliore la condition du légataire (L. 8 précipitée, § 6), ou défendre qu'elle s'accomplisse, s'il la croit contraire aux intérêts de ce dernier. Et pour que la transaction sur les aliments légués ait son entier effet, il faut que la transaction vise expressément chaque catégorie d'objets compris sous cette expression, c'est-à-dire la nourriture, la boisson, l'habitation, les vêtements, la chaussure (LL. 1 et 6, Dig., *De alim. vel cib. leg.*). Aussi une transaction intervenue *de alimentis*, serait interprétée d'une façon restrictive, et n'aurait effet que pour la nourriture exclusivement ; la loi 8, § 12, Dig., *De transactionibus*, le déclare d'une façon très-explicite : « *Qui transigit de alimentis, non videbitur neque de habitatione, neque de vestiario transegisse : cùm dixus Marcus specialiter etiam de istis transigi voluerit.* »

70. — La transaction qui n'a point été faite suivant les prescriptions du S.C., est nulle et de nul effet (L. 8, pr. Dig., *De transactionibus*); par conséquent, les aliments peuvent être demandés par le légataire à l'héritier.

Qu'arriverait-il si la transaction avait été exécutée malgré sa nullité, et si les sommes que le légataire a reçues, dépassaient ce qui était déjà échu en vertu du legs? Le légataire serait sous le coup d'une action en répétition, d'une *condictio*, et l'héritier pourrait certainement obtenir par la *condictio ex injustâ causâ* l'excédant qui dépasse le montant de la pension déjà échue. La *condictio sine causâ* serait également admissible de sa part, car il est indubitable que cet excédant a été versé *sine causâ* entre les mains du légataire, puisque la transaction est non avenue.

71. — Ainsi la transaction sur les aliments laissés par

actes de dernière volonté est subordonnée à la décision du préteur. Les aliments fournis en vertu d'une donation tombent-ils également sous le coup du S. C. de Marc-Aurèle.

Pour l'affirmative, on peut dire que les motifs d'appliquer ici le S. C. sont les mêmes qu'en matière de legs d'aliments; que la volonté du donateur serait violée par la transaction, et le bénéficiaire des aliments privé par une transaction imprudente de tous moyens d'existence.

Cependant, la négative me parait de beaucoup préférable. C'est qu'en effet, dans le cas de donation, ce n'est plus par un tiers que la libéralité doit être exécutée, mais par le donateur même ; or, celui-ci peut à son gré prendre des mesures pour empêcher le bénéficiaire des aliments de transiger. D'ailleurs, l'*Oratio* ne soumet point à la nécessité de l'autorisation du préteur la donation entre vifs; elle porte, en effet : « *Planè de alimentis quæ non mortis causâ donata sunt, licebit sine prætore autore transigi* » (L. 8, § 2, *in fine*, Dig., *De transactionibus*).

72. — Les aliments futurs laissés par disposition de dernière volonté peuvent-ils être l'objet d'un pacte de remise gratuite ?

Tout d'abord il semble que non, car la donation en réalité lèse beaucoup plus que la transaction, puisque l'on aliène sans acquérir d'équivalent; or, celle-ci étant défendue sans l'autorisation du préteur, *a fortiori*, celle-la doit-elle l'être également. Aussi le jurisconsulte Paul, dans ses *Sentences*, lib. i, tit. i, § 1, semble bien dire que l'on ne peut faire de pacte que sur les choses susceptibles d'être l'objet d'une transaction.

Cependant, j'admets l'affirmative, et l'autorité de M. Accarias (*Etude sur la transaction*, p. 97) me confirme dans mon opinion.

C'est qu'en effet, un donateur mesure à l'instant même la perte qu'il s'impose, tandisque les avantages immédiats d'un acte à titre onéreux ne laissent pas toujours nettement apercevoir ses conséquences ruineuses. Et, dans la matière qui nous occupe, par exemple, on est plutôt porté à transiger qu'à donner, car dans le premier cas on est séduit *modico præsenti*, tandis que dans le second, on ne trouve aucune compensation. Sans doute, la donation est plus nuisible que la transaction ; mais précisément à cause de ses inconvénients, elle n'aura point lieu du tout, ou n'aura lieu, du moins, que très-rarement. Je tire à l'appui de cette idée un argument du S. C. Velléien qui défend à la femme de s'obliger et non de donner pour autrui ; et Ulpien nous en donne la raison : « *quia facilius mulier se obligat, quàm alicui donat.* » (L. 4, Dig., ad *S. C. Velleianum*).

De plus, en droit positif, j'invoque le silence des textes sur la question.

Quant à l'argument tiré des sentences de Paul, je réponds par un texte du même jurisconsulte qui, quelques lignes plus loin que le passage invoqué pour la négative, nous dit qu'un pacte de remise est possible sur la chosée jugée, quoique la transaction ne le soit point (*Sentences*, lib. i, tit. i, § 5). Il peut donc y avoir donation valable de choses non susceptibles de faire l'objet d'une transaction.

§ III. *Des dispensateurs de legs d'aliments.*

73. Il y en a de deux sortes : les dispensateurs *testamentaires* et les dispensateurs *datifs*.

74. Des dispensateurs testamentaires de legs d'aliments ; différences entre eux et les dispensateurs de legs non à titre d'aliments.

75. Des dispensateurs datifs de legs d'aliments.

73. — A côté de la transaction en matière de legs d'aliments, il y a un point fort curieux à examiner, et dont je vais dire quelques mots : je veux parler du *dispensateur* de legs. Les dispensateurs sont les exécuteurs des dispositions testamentaires du défunt ; les uns sont nommés directement par le *de cujus* ; les autres sont désignés par les héritiers de ce dernier ou le magistrat. Il faut donc reconnaître deux classes de dispensateurs : les dispensateurs *testamentaires* et les dispensateurs *datifs*.

74. — Le dispensateur *testamentaire* peut être soit *un des héritiers*, soit *un extraneus*.

A. Pour plus de clarté, occupons-nous d'abord du dispensateur testamentaire *héritier*, et notamment en matière de legs d'aliments, tout en signalant les différences entre ce dernier, et le dispensateur de legs non à titre d'aliments.

C'est de ce dispensateur testamentaire *héritier* que parle la loi 8, au Digeste, *De alimentis vel cib. leg* ; Ainsi, Scius, l'un des héritiers est chargé par le défunt de fournir des aliments à certains affranchis, et désigné comme devant prélever sur l'hérédité certains biens pour l'acquittement du legs ; pourra-t-il revendiquer les choses héréditaires qui doivent servir à l'exécution du legs d'aliments ? Oui, sans aucun doute, et la loi 9, qui prévoit ce cas, en ce qui concerne le dispensateur *extraneus* vient confirmer cette solution ; elle décide, en effet, que ce dispensateur *extraneus* pourra revendiquer les biens destinés aux prestations alimentaires, mais exclusivement pour ce cas, ce qui exclut tout autre legs qui ne serait point à titre d'aliments : « .... *rectè petiturum, quod de superfluo probari non potest* » (L. 8, pr., *eod. loc.*)

1° Nous trouvons ici entre le legs d'aliments et le legs non à titre d'aliments une première différence en ce qui concerne le dispensateur. En effet, celui-ci au cas de legs d'aliments a la revendication des biens qui lui permettront de fournir les aliments, tandis que le dispensateur de legs non à titre d'aliments, n'a point ce droit de revendication. Et Cujas, à qui j'emprunte cette différence, en donne immédiatement le motif. (Cujas, t. VII, c. 1093 A. B.) : La mission du dispensateur d'aliments est perpétuelle; elle se renouvelle chaque année ou chaque mois. Pour la bonne exécution du legs, pour ne pas faire tomber sur le dispensateur la déconsidération qu'entraînerait le retard dans le service de la pension alimentaire (« *verecundiam pulsantibus* » : c'est le sens que donne à ces mots, Cujas, t. VII, c. 1050, D., et t. VII, c. 1093, B.), il faut que le dispensateur ait entre les mains les biens destinés aux prestations alimentaires. Dans ces conditions, il fallait lui donner la revendication. Tout autre est la mission du dispensateur d'autre legs que le legs d'aliments (Cujas, t. VII, c. 1050, D.); en effet, elle n'oblige pas à des prestations périodiques et perpétuelles; elle est temporaire et impose des devoirs qui, une fois remplis, ne se représenteront plus. Le rôle de ce dispensateur consiste simplement à veiller à ce que chaque légataire ait ce qu'il doit avoir. On comprend alors que la revendication des biens faisant l'objet des différents legs ne lui ait pas été donnée contre les héritiers.

2° Si le dispensateur a ainsi le droit de revendication

contre les héritiers pour les biens nécessaires à la prestation des aliments, c'est donc qu'il est propriétaire de ces biens. Cette propriété, sans doute, est bien fragile, puisqu'elle n'existe pour lui qu'à la charge de fournir des aliments aux légataires, et qu'elle peut se réduire à néant si tous les légataires reçoivent leurs legs ; mais un ou plusieurs des légataires d'aliments viennent-ils à faire défaut, il tire profit de cette propriété en gardant pour lui les aliments qu'il eût dû fournir à ces légataires (L. 8, Dig., *De alim. rel. cib. leg.*). Il ne peut donc être question pour lui de donner caution à ses cohéritiers pour la restitution des parts des légataires venant à faire défaut, puisque ces parts lui appartiennent ; et ces cohéritiers ne sauraient invoquer contre lui ni l'action *indibiti*, ni une action utile · « *indebiti non competit actio, nec utilis*, » dit notre loi 8 précitée (Cujas, t. VII, c. 1003, C.)

C'est la seconde différence à signaler entre le dispensateur des legs d'aliments, et le dispensateur de legs non à titre d'aliments. Ce dernier, en effet, doit fournir caution de restituer les parts des légataires qui viendraient à faire défaut (L. 8 précitée); et la raison en est bien simple : c'est qu'il n'est en aucune façon propriétaire des biens de la succession, mais un simple exécuteur des dispositions testamentaires du *de cujus.*

B. Je passe maintenant au dispensateur testamentaire *extraneus*, dont j'aurai, d'ailleurs, peu de chose à dire, après les détails qui précèdent. La loi 78, § 1, Dig., *ad. S. C. Trebellianum*, le désigne aussi sous le nom de *curator substantiæ*, et la loi 17, Dig., *De legatis.* 2, sous celui de *minister*. Il y a lieu de distinguer s'il est dispensateur de legs d'aliments ou de legs non à titre d'aliments. Dans le premier cas, toutes les règles que j'ai signalées à propos du dispensateur testamentaire *héritier* sont applicables au dispensateur testamentaire *extraneus;* et même si j'en ai parlé séparément, c'est pour la facilité et la netteté de l'exposition. Au contraire, si c'est un dispensateur de legs non à titre d'aliments, il ne peut revendiquer les biens faisant l'objet du legs, et il doit donner caution aux héritiers, de restituer les parts des légataires défaillants.

75. — Outre les dispensateurs *testamentaires*, j'ai signalé les dispensateurs *datifs*.

Ce dispensateur, qu'il ait été choisi par les héritiers ou par le magistrat, qu'il ait été nommé pour l'exécution de legs alimentaires ou d'autres legs, ne jouit point des prérogatives attribuées au dispensateur testamentaire des legs d'aliments. Ainsi, dans tous les cas, il devra restituer aux héritiers les parts des légataires faisant défaut, et donner caution pour assurer cette restitution (L. 3, Dig., *De alim. vel cib. leg.*)

Mais cependant, dit-on, le dispensateur datif de legs d'aliments n'a-t-il point aussi une mission perpétuelle, se renouvelant chaque année comme celle du dispensateur *testamentaire* des legs d'aliments! Sa mission n'est-elle point aussi pénible que celle de ce dernier? Pourquoi donc alors ne pas le dispenser comme celui-ci de la caution et de la restitution?

Il me semble que l'équité commanderait cette solution; mais le texte de la loi 3 précitée est formel, et Cujas, t. vii, c. 1050, E. se prononce également dans le sens que j'ai indiqué ci-dessus. Peut-être a-t-on cru devoir donner plus d'avantages au dispensateur testamentaire pour assurer l'exécution de la volonté du *de cujus* dans son choix du dispensateur lequel eût sans cela refusé sa mission. Au contraire, le dispensateur datif étant nommé par les héritiers ou le magistrat, si celui qui a été désigné refuse, ceux-ci auront toujours la faculté d'en choisir un autre.

76. — Avant de terminer cette matière, je dois examiner une hypothèse prévue par la loi 10, au Digeste, *De alim. vel. cib. leg.* Cette loi vise le cas où un héritier testamentaire, dispensateur d'un legs d'aliments, est mort laissant plusieurs héritiers. Or, faut-il décider que la mission de ce dispensateur finira avec lui, ou passera à ses héritiers?

Si l'on considère le but que la loi 3, Dig., *De alim. vel. cib. leg.* semble assigner à la nomination d'un dispensateur : « *ne a singulis heredibus minutatim alimenta petentes distribuantur,* » on est porté pour la négative.

Il vaut mieux décider avec Papinien (L. 10, pr. Dig., *De alim. vel cib. leg.*) que la mission du dispensateur passera à ses héritiers, et que la division du legs s'opérera entre eux. En effet, ce qu'il faut rechercher surtout dans la solution de cette question, c'est la volonté du testateur qui a institué le dispensateur. Or, le testateur a pu vouloir transmettre cette mission à un dispensateur et aux héritiers de ce dernier; par exemple, afin d'écarter ses autres héritiers, afin de choisir pour ceux à qui il lègue des aliments, la maison paisible d'un héritier déterminé. Si telle n'était point sa volonté, il n'avait qu'à le déclarer; mais jusqu'à preuve contraire, le droit commun opère entre les héritiers du dispensateur la division du legs d'aliments; la loi 10 précitée tranche nettement la question en ce sens.

77. — Jusqu'ici, je n'ai parlé que des aliments dus en

vertu de dispositions à cause de mort; mais les aliments peuvent encore être dus en vertu de contrats. Les règles ne sont pas les mêmes dans les deux cas. En effet: 1° Sur les aliments futurs dus par contrat, on peut transiger ; nous savons, au contraire, que la transaction sur les aliments légués n'est permise que sous certaines conditions (L. 8, Dig., *De transactionibus*). La raison de cette différence est que, dans un contrat, la personne des contractants, et notamment du créancier alimentaire dans l'espèce, est au second plan ; comme le dit Cujas, dans son commentaire de la loi 8, *De transactionibus :* « *promissor fere sibi potius consulit quam alimentario.* » 2° Le legs d'aliments finit nécessairement à la mort du créancier alimentaire (N° 67); la mort de ce dernier n'arrête point l'exécution du contrat (L. 16, § 1, Dig., *De verbor. oblig.*) qui fait loi entre les parties contractantes et leurs héritiers; 3° Les aliments légués sont dus au début de l'année (N° 67). Les aliments contractuels sont dus à l'époque fixée par les parties.

DE L'OBLIGATION ALIMENTAIRE

SOUS LE

DROIT FÉODAL

———

78. *De l'obligation alimentaire dérivant de la Garde et du Bail.*

78. — Sous le droit féodal, on trouve une sorte d'obligation alimentaire qui dérive de la *Garde* et du *Bail*, et dont je dois donner un aperçu avant d'aborder l'étude de cette obligation dans le droit coutumier.

Le droit de *Garde* est une suite du droit des fiefs. Quand les fiefs n'étaient qu'à vie, il ne fallait pour les administrer, ni tuteur, ni gardien, parce qu'ils n'étaient donnés qu'à des gens capables de porter les armes. Mais lorsqu'ils furent rendus héréditaires, les seigneurs prévoyant bien qu'ils pourraient échoir à des mineurs dont ils ne tireraient aucuns services, se réservèrent en quelques lieux la jouissance des fiefs pendant la minorité de leurs vassaux : c'est ce qu'on appelle *Garde royale* ou *seigneuriale*. En plusieurs autres lieux, ils permirent aux plus proches parents des mineurs de desservir les fiefs, et ils choisirent ordinairement ceux d'entre ces parents qui étaient les plus propres à s'acquitter de ce devoir, comme il se voit par les paroles suivantes de

Baldricus, dans sa *Chronique de Cambrai et d'Arras*, lib. 3, cap. 66 : « *Et quia isle Hugo adhuc puer erat, sed propinquum quemdam Ansellum nomine, moribus et armis egregium habebat, hujus custodiæ puerum, cum bono ejus (Pontifex) commisit, quem Ansellus ille usque ad præfinitum tempus optimè et fideliter rexit.* »

Un certain nombre de coutumes, notamment celles de Troyes, art. 18, de Chaumont, art. 12, de Vermandois, art. 261, confondent les mots *Garde* et *Bail*, et s'en servent indifféremment pour signifier la même chose. Mais, généralement, on reconnait que la Garde et le Bail sont deux institutions du droit féodal, bien distinctes l'une de l'autre.

M. Terrat (cours oral d'histoire du droit, *année scolaire 1874-75*) enseigne que le *bail* s'appliquait aux *fiefs*, et la *Garde* aux *biens roturiers* ou *censives* : ainsi, la différence résulterait de la nature des biens.

Suivant certaines coutumes, cependant, comme celles de Valois, art. 67 et 73, de Reims, art. 330 et 335, de Mantes, art. 178 et 179, etc., la différence entre ces deux institutions tiendrait à la qualité des personnes : la *Garde* serait pour les ascendants, et le *Bail* pour les collatéraux. L'axiôme : « *Garde d'ascendants, et bail de collatéraux,* » semble confirmer ce dernier système; mais M. Terrat montre en quel sens il faut entendre cet axiôme : « Supposons, dit-il, qu'un mineur ait perdu son père; supposons que le plus proche parent capable de desservir le fief, soit un collatéral : il aura le bail. Mais on ne voulut pas qu'un collatéral eût la garde de l'enfant, alors que la mère ou un autre ascendant maternel existait encore. On craignait que le collatéral devant hériter des fiefs, n'eût trop d'intérêt à voir mourir le mineur, et l'on disait avec raison : « *Ne doit mie garder l'agnel, qui doit en avoir la pel.* » Le mot *garde* n'a donc pas dans l'axiôme la signification qu'on lui attribue ordinairement, et signifie simplement la conservation de la personne.

On peut voir, d'ailleurs, un certain nombre de remarques sur le sens de ces expressions dans l'*Indice* de Ragueau, sous les mots *bail, baillistre, baillistrerie,* et dans Bouteillier, *Somme rurale,* tit. xx.

En acceptant la *Garde* ou le *Bail,* charges purement volontaires, du reste, les parents contractaient l'obligation de nourrir et entretenir les enfants mineurs, en un mot, de leur fournir toutes les choses nécessaires à la vie : c'est ce qui résulte des coutumes d'Anjou, art. 108 ; de Troyes, tit. ii, art. 17 ; de Bourgogne, tit. xvi, art. 4. Cette dernière comprend même sous cette obligation, les frais de maladie et les frais funéraires.

La garde et le bail, sous le droit féodal, étaient donc pour le gardien et le baillistre une source d'obligation alimentaire vis-à-vis du mineur dont ils administraient les biens.

Suivant M. Terrat *(loc. supra cit.),* il existe entre le gardien et le baillistre une différence au point de vue de l'obligation alimentaire : le gardien n'entretient pas et n'élève pas les enfants à ses frais ; cela tient à ce qu'il ne garde point pour lui les fruits et revenus des biens des mineurs. Le baillistre, au contraire, qui perçoit et garde pour lui ces fruits et revenus, doit garder et entretenir à ses frais les enfants mineurs.

Je dois faire observer, en terminant ce rapide aperçu, que l'obligation alimentaire dérivant de la *garde seigneuriale,* n'existait point dans toutes les coutumes ; ainsi l'article 210 de la coutume de Lens portait : « Si le seigneur tient en sa main, terres de mineurs qui n'ont aucuns meubles, parents, gardes, ni de quoi vivre, il n'est pourtant tenu de nourrir lesdits enfants. » Rien de plus cruel que de voir ainsi un seigneur autorisé à refuser des aliments à un pupille dont le fief était saisi par lui ; aussi Dumoulin (t. II, de ses œuvres, p. 698) qualifie-t-il cette coutume d'*iniquissima*.

DE L'OBLIGATION ALIMENTAIRE

SOUS LE

DROIT COUTUMIER

SOMMAIRE :

no peut être l'objet d'une compensation, d'une saisie ; les causes qui la concernent sont jugées sommairement.
96. Des provisions alimentaires.

70. — Dans l'étude de l'obligation alimentaire en droit romain, j'ai pu, à l'appui de mes décisions, invoquer, non-seulement les témoignages des auteurs sur la matière, mais des textes précis et formels. Cela ne me sera point possible dans ma recherche de ce qu'était l'obligation alimentaire sous le droit coutumier. Ici, en effet, je n'ai guère de textes à citer ; j'ai recherché dans les différentes coutumes, ceux qui concernaient l'obligation alimentaire : je n'en ai trouvé aucun dans les coutumes d'Artois, de Vermandois, de Poitou, d'Orléans, d'Anjou, de Bourgogne, de Troyes, de Picardie ; et les coutumes de Bretagne et de Normandie ne font guère que la mentionner dans des articles que j'étudierai tout-à-l'heure. Mais, à défaut de textes nombreux, j'ai trouvé, sous certains articles de coutumes, des études assez étendues ayant trait à l'obligation alimentaire, et qui montrent ce qu'elle était dans certaines contrées. Ainsi Louis le Grand, dans son *Commentaire de la Coutume de Troyes*, en parle assez longuement, mais il s'occupe beaucoup plus cependant des aliments dus en vertu de legs ou testament que des aliments dus en vertu de la loi. J'ai rencontré aussi une étude remarquable et très-complète de ce qu'était l'obligation alimentaire dans la coutume de Péronne, Montdidier et Roye, dans le commentaire de cette coutume par Claude Le Caron.

J'aurai quelquefois recours à ces commentaires, mais j'irai surtout chercher mes décisions dans la jurisprudence coutumière qui était le reflet du droit à cette époque, et je tâcherai de reconstituer ainsi les dispositions qui régissaient l'obligation alimentaire sous le droit coutumier.

80. — « La nature impose aux père et mère l'obligation de pourvoir à la nourriture et à l'éducation de leurs enfants, jusqu'à ce qu'ils soient en âge de pouvoir s'entretenir eux-mêmes » (Argou, *Institution au droit français*, liv. 3, chap. 21).

Pothier ajoute (*Traité du contrat de mariage*, Part. v, chap. 1, art. 2) : « Quoique l'obligation des père et mère cesse lorsque les enfants sont parvenus à l'âge de subvenir par eux-mêmes à leurs besoins, néanmoins, lorsqu'un enfant qui est parvenu à cet âge, se trouve depuis tombé dans l'indigence, et que les infirmités ne lui permettent pas de se procurer des aliments par son travail, l'obligation des père et mère renaît, et, sur la demande que cet enfant peut en ce cas former contre eux, ils doivent être condamnés à lui fournir les aliments nécessaires, selon leurs moyens. »

Ces devoirs des père et mère se trouvent inscrits dans la coutume de Normandie, article 384 : « Le mari doit nourrir, entretenir et faire instruire les enfants de sa femme, si d'ailleurs ils n'ont biens suffisants, même aider à marier les filles, » et dans l'article 532 de la coutume de Bretagne : « Tous enfants doivent être pourvus sur les biens du père et de la mère, au cas qu'ils n'eussent jugements et moyens de pourvoir à leurs nécessités ; et s'ils n'avaient rien, justice doit les faire sur les biens de leurs prochains lignagers. »

Les dispositions des coutumes de Normandie et de Bretagne n'avaient sans doute force de loi que dans ces provinces. Malgré cela, dans certains parlements où les coutumes étaient muettes sur l'obligation alimentaire, on voit les procureurs généraux réclamer l'application de l'article 532 de la coutume de Bretagne comme raison écrite. D'Aguesseau, devant le parlement de Paris, le 7 juillet 1777, conclut à ce que des aliments soient fournis par leurs proches à des pupilles orphelins, et il invoque, à l'appui de ses conclusions, l'usage « *antique et vénérable* » de la coutume de Bretagne.

Par le passage de Pothier, que je viens de citer ci-dessus, on voit que dans les pays de droit coutumier, l'obligation alimentaire est commune au mari et à la femme, et c'est ce qu'a jugé le parlement de Paris, le 15 Février 1650. Dans les pays de droit écrit, au contraire, ou suivait le droit romain : la femme ne devait des aliments à ses enfants légitimes, qu'après son mari.

Dans le droit coutumier comme dans le droit romain, il fallait deux conditions pour qu'il y eût lieu à une prestation alimentaire, ainsi que cela résulte de l'article 532 de la coutume de Bretagne : besoin chez l'ayant-droit, possibilité d'en fournir de la part du débiteur. L'obligation alimentaire comprenait, comme en droit romain, toutes les choses nécessaires à la vie : nourriture, vêtements, logement, remèdes (Louis le Grand, sur la coutume de Troyes, 1, 62, gl. 6; Béraud et Godefroy, *commentaire* de la coutume de Normandie.)

L'enfant était admis à une demande à fin d'aliments, alors même que les père et mère lui auraient donné une somme d'argent, ou autres ressources pour se former un établissement, alors même qu'il aurait dissipé tout son bien par sa mauvaise conduite; son état présent d'indigence est suffisant pour fonder sa demande (Pothier, *Traité du contrat de mariage*, part. v, chap. i, art. ii, § 1.)

81. — Mais en était-il de même, si l'enfant se trouvait

par suite d'une offense considérable commise envers son père, dans un cas d'exhérédation, ou s'il s'était marié sans son consentement ? l'enfant pouvait-il encore demander des aliments à son père ?

On décidait, suivant la loi romaine, que l'enfant exhérédé n'avait plus droit à des aliments, et, comme le mariage contracté sans le consentement du père entraînait l'exhérédation, on en concluait que l'enfant marié sans ce consentement, n'avait pas droit non plus de réclamer des aliments. C'est ce qui ressort d'un arrêt du Parlement de Paris, du 22 décembre 1628. Mais le 2 Avril 1770, sur les conclusions du Procureur-Général Séguier, le Parlement de Paris se déjugea: La loi n'est pas barbare; refuser la nourriture à son fils, c'est se venger, non juger. Le père, pendant sa vie, ne peut se prévaloir de la sentence qu'il rendra lors de sa mort. Qui dit que le père déshéritera son fils, qu'il ne se laissera point toucher, qu'il ne pardonnera point un jour ?

Quid, si l'enfant s'est fait religieux contre le gré de son père ? celui-ci peut-il néanmoins être tenu à des aliments ? Un arrêt du Parlement de Provence du 17 Décembre 1628 résout la question affirmativement, mais pour le cas où le supérieur du couvent serait dans l'impossibilité de subvenir aux besoins du fils.

Le fils doit-il payer les aliments qui lui ont été fournis par ordre de son père, si celui-ci vient à être insolvable ? La question était fort discutée par les légistes. Un arrêt du parlement de Grenoble, du 1er Juillet 1644 décide la question dans le sens de l'affirmative; mais dit l'arrêtiste, « *il y eut un grand conflit d'opinions.* » Le parlement de Toulouse décida le contraire dans un arrêt du 29 Mai 1779.

Quid, enfin, dans le cas où un mariage, duquel seraient nés des enfants, aurait été déclaré nul? un arrêt du parlement de Paris, du 27 Août 1632, ordonne au père de fournir dans ce cas des aliments à ses enfants.

Suivant un arrêt du même parlement en date du 12 Août 1767, l'enfant qui a appris un métier, et est passé maître, ne peut demander des aliments à son père. Cependant, pour que l'obligation alimentaire du père vis-à-vis de son enfant cesse d'exister, il ne suffit pas que le père ait procuré à son enfant une place en rapport avec sa condition, car il est des professions qui sont peu rétribuées, quoique des plus honorables; il faut que la position procure au fils des avantages pécuniaires suffisants pour ses besoins. En effet, un arrêt du parlement de Paris du 22 Juillet 1779, attribuait le droit de demander des aliments à son père, à un fils qui cumulait les fonctions de procureur du roi à la Monnaie, et d'avocat à la sénéchaussée de la Rochelle, fonctions fort honorables, mais peu lucratives.

82. — Dans certaines coutumes, notamment dans la Bresse, on adjugeait l'entretien des pupilles orphelins à un étranger, moyennant une certaine somme. C'est ce qu'on appelait: *Bail à nourriture* ou *adjudication au rabais*, parce que celui qui demandait la somme la moins forte, était choisi par le tuteur, sur l'avis des parents. Ordinairement, on cédait la jouissance des biens du mineur à celui qui se chargeait de son entretien. Il est probable que d'Aguesseau n'eût pas appelé *vénérable* cette coutume qui consacrait le droit de se débarrasser si facilement du soin de nourrir ses proches parents pupilles.

D'autres coutumes, celle de Troyes, par exemple, admettaient le bail à nourriture, mais l'adjudicataire ne pouvait être qu'un des proches parents. Louis le Grand, sur la coutume de Troyes, dit en effet : « On délaisse au proche parent les meubles, les dettes et la jouissance des fruits des immeubles appartenant aux pupilles, à la charge de nourrir et entretenir ces derniers. » Cette adjudication ainsi faite au profit des proches parents se conçoit mieux que la précédente. Ici, du moins, le lien du sang était une garantie pour les pupilles contre les spéculations dangereuses que pouvait faire l'étranger qui s'était chargé de l'entretien de l'enfant.

83. — Les ascendants autres que père et mère sont également tenus de fournir des aliments à leurs descendants; mais leur obligation n'est que subsidiaire, et elle n'a lieu que dans les cas où ces descendants n'auraient ni père ni mère, ni enfants qui fussent en état de subvenir à leurs besoins. Un arrêt du Parlement de Paris, du 11 Août 1013 condamne un aïeul à fournir des aliments à son petit-fils, y eut-il une question d'état soulevée; et un autre arrêt du même parlement, en date du 10 décembre 1652, déboute un aïeul paternel de son offre de fournir chez lui, des aliments à son petit-fils, et le condamne à payer à ce dernier une pension alimentaire.

84. — « Réciproquement, les enfants sont tenus de fournir des aliments à leurs père et mère et autres ascendants, lorsqu'ils sont dans le besoin, et que leur condition, leur âge trop avancé ou leur santé ne leur permet pas de travailler, ou que leur travail ne peut pas leur fournir de quoi subsister » (Argou, *institution au droit français*, liv. iii, chap. 21)

Celui des enfants qui est choisi par le demandeur doit payer toute la pension, sauf son recours contre ses frères; c'est ce qui ressort de deux arrêts du parlement de Paris, du 3 août 1009 et du 18 février 1700, et d'un arrêt du parlement de Lyon, du 10 juillet 1070.

Pothier (*Traité du contrat de mariage*, part. v, chap. i, art. 2, § 2), nous dit : « Cette dette des enfants est solidaire, lorsque chacun d'eux a le moyen de payer toute la pension. Le concours des autres enfants qui ont le moyen comme lui, lui donne bien un recours contre eux, mais, ne le dispense pas, vis-à-vis de son père, de satisfaire pour le tout à cette obligation : « *solidum a singulis debetur,* » ce qui fait le caractère de la dette solidaire. Mais comme les enfants ne sont tenus de cette dette qu'autant qu'ils en ont le moyen, lorsqu'ils n'ont pas chacun le moyen de payer toute la pension, mais seulement d'y contribuer pour une partie, ils ne doivent être condamnés à la payer chacun que pour une partie. »

Je dois ici faire mention d'une particularité que Pothier (*eod loc.*), nous signale également : Lorsqu'un père et une mère forment une demande en pension alimentaire contre leurs enfants, prétendant que le peu de biens qu'ils possèdent, n'est pas suffisant pour subvenir à leurs besoins, il faut, pour qu'ils soient écoutés dans cette demande, qu'ils offrent d'abandonner à ces mêmes enfants, le peu de biens qui leur reste, à l'exception des meubles nécessaires pour leur usage « à la charge par leurs enfants d'acquitter jusqu'à concurrence desdits biens abandonnés, les dettes par eux contractées, jusqu'à l'abandon qu'ils en font. »

L'obligation alimentaire des enfants ne se borne pas à leurs père et mère, mais s'étend aussi à leurs autres ascendants (Argou, *Institution au droit français*, liv. iii, chap. 21.) Toutefois, ils ne sont tenus de cette dette alimentaire que dans le cas où l'aïeul ou autre ascendant n'aurait pas d'enfant en état de la lui payer, car le fils est tenu avant le petit-fils.

85. — Quel est le mode habituel de prestation de la dette alimentaire entre père et mère et enfants ?

Les père et mère ne doivent des aliments à leurs enfants qu'en nature et chez eux. Un fils de famille ne peut forcer son père à lui fournir des aliments hors de sa maison ; ce n'est qu'au domicile de son père qu'il a droit à la dette alimentaire (arrêt du parlement de Toulouse, du 27 Juillet 1609).

Cependant, il peut y avoir dans certains cas exception à cette règle ; ainsi un arrêt du parlement d'Aix, du 23 Décembre 1655, condamne un père remarié à fournir une pension alimentaire de cent livres à son fils, parce que celui-ci ne pouvait point vivre dans la maison paternelle, « sa belle-mère ne lui faisant pas bon visage.

Mais le bénéfice de la prestation en nature n'avait pas été étendu aux ascendants autres que père et mère ; c'est ce qui me paraît résulter d'un arrêt déjà cité du Parlement de Paris, en date du 10 Décembre 1652, qui déboute un aïeul paternel de son offre de fournir des aliments chez lui à son petit-fils, et le condamne à payer à ce dernier une pension alimentaire.

En ce qui concerne la dette des enfants envers leurs père et mère, une vieille jurisprudence dans notre ancienne France était que les enfants devaient à leurs parents des aliments, non en nature, mais en argent. On avait compris (arrêt du parlement de Dijon, du 18 Février 1609) qu'il fallait ménager la délicatesse d'un père qui, en restant chez son fils, pourrait avoir à souffrir de la mauvaise humeur de celui-ci. Aussi n'était-ce que dans le cas où les enfants n'avaient pas le moyen de payer

•ino pension, qu'ils pouvaient être admis à recevoir leurs
père et mère chez eux et à leur table.

Louis-le-Grand, sur la coutume de Troyes, part. II,
p. 08, N° 14, rapporte « que ceux auxquels les aliments
sont dus par la disposition de la loi, comme les enfants,
soit légitimes, soit illég'times, sont tenus de travailler
et de se rendre utiles selon leur qualité et condition. »

80. — Je viens de parler de l'obligation alimentaire
entre ascendants et descendants légitimes ; voyons maintenant si la même obligation existe entre les parents
naturels et leurs enfants.

Examinons tout d'abord l'obligation du père naturel
vis-à-vis de ses enfants. La jurisprudence de tous les
parlements : Paris, Rouen, Grenoble, Besançon, Toulouse, est unanime pour déclarer que le père doit des
aliments à son enfant bâtard. Elle est unanime aussi pour
appliquer le cap. 5 de la Décrétale *De eo qui duxit*, et
rejeter le droit romain en ce qui concerne les enfants
adultérins ou incestueux (arrêts du parlement de Dijon,
du 28 Juillet 1644, du parlement de Grenoble, du 16
Août 1644, du parlement de Paris, des 26 Juin 1770 et
24 Février 1782). Il était généralement admis aussi que
les héritiers du père naturel devaient fournir des aliments
au bâtard (arrêt du parlement de Paris, du 30 Juin 1631.)

87. — L'obligation alimentaire existait-elle également
à la charge de la mère au profit de ses enfants naturels ?

D'Aguesseau, dans *son traité des bâtards*, t. VII de ses
œuvres, p. 435 et suiv., s'exprime ainsi : « Il est certain
que l'usage de la Tournelle était d'obliger le père à
nourrir son bâtard et de décharger la mère, quand celui-ci
était en état. Mais la jurisprudence a changé : quand la
mère est majeure comme le père, l'obligation de nourrir

est égale, et l'un et l'autre doivent être condamnés conjointement. »

Le dernier état de la jurisprudence de la Tournelle, que rapporte d'Aguesseau, formait-il la jurisprudence des pays coutumiers? Je ne le crois pas, et j'appuie cette assertion sur les autorités les plus considérables :

Claude de Ferrières, dans son *Dictionnaire de droit pratique*, au mot *aliments*, dit, en effet : « Comme les pères, les mères doivent des aliments à leurs enfants bâtards, bien qu'elles ne puissent être poursuivies en justice, car enfin si elles sont en quelque façon excusables de ne pas les reconnaître pour sauver leur honneur, elles sont fort blâmables de ne pas leur donner d'aliments, quand elles sont en état de le faire. » Ainsi, il y a bien, au dire de Claude de Ferrières, une obligation de conscience, mais non une obligation légale.

Pothier (*Traité du contrat de mariage*, part. v, cap. i, art. 2, § 3) semble bien dégager aussi la mère de l'obligation alimentaire vis-à-vis de ses enfants naturels, et imposer cette charge au père naturel seul : « Quand une fille est grosse des faits d'un homme, sur la plainte qu'elle forme contre lui, et sur l'intervention du ministère, cet homme, s'il en convient, ou s'il en est convaincu, doit être condamné à se charger de l'enfant, et à lui fournir les aliments nécessaires. »

Enfin, dans tous les arrêts que rapporte Brillon, dans son *dictionnaire de jurisprudence universelle* V° *aliments*, je n'en ai pas trouvé un seul qui ait trait à l'obligation de la mère vis-à-vis de son enfant naturel ; tous visent l'obligation du père naturel.

La jurisprudence de la Tournelle n'était donc pas généralement admise. D'ailleurs, que l'on considère l'usage de la Tournelle, ou que l'on s'en tienne au langage de Ferrières et de Pothier, nous sommes loin du droit classique romain qui n'autorisait l'enfant naturel à demander des aliments qu'à sa mère et à ses ascendants maternels. Le législateur romain ne rattache l'enfant naturel qu'à sa mère, du moins, à l'époque du droit classique ; il y avait entre cet enfant et son père une barrière que le lien du sang n'abaissait pas. Dans le dernier état de notre ancien droit, on remarque, dans les auteurs comme dans les arrêts, une tendance toute contraire : l'enfant est d'abord à son père avant d'être à sa mère.

Et même, quand une question de paternité se rattachait à une demande de pension alimentaire, on décidait parfois ce dernier point, sans trancher formellement la question de paternité. Brillon (*loc. suprà cit.*) dit, en effet : « La femme qui se trouve enceinte sera crue pour les aliments de son enfant, si elle accuse celui chez lequel elle demeurait, ou qui allait ordinairement chez elle, si ce n'est qu'il prouve qu'elle fût visitée par d'autres ; de même encore, s'il a une fois avoué l'enfant, ou s'il a confessé avoir connu la mère, quoiqu'il la justifie fille publique et prostituée. »

Il convient de faire observer que si le père a fait nourrir et élever son fils bâtard, lui a fait apprendre un métier, et l'a fait passer maître, cet enfant n'est pas recevable à demander ensuite des aliments à son père. (Louis-le-Grand, *sur la coutume de Troyes*, part. II, p. 107, N° 31).

« Que s'ils ont appris un métier, mais sans être encore passés maîtres ; si le père ne l'a fait de son vivant, les héritiers sont tenus de fournir tout ce qui est nécessaire pour cet effet. » (Brillon, *Dict. de jurispr. univers.* V° *Aliments*).

88. — Les ascendants du père naturel doivent-ils des aliments à leurs petits-enfants bâtards? La question était fort controversée dans notre ancien droit : les parlements de Paris, Toulouse, Bordeaux, admettaient la négative par ce motif : qu'obliger l'aïeul à fournir des aliments aux bâtards de son fils, ce serait autoriser la débauche. Au contraire, les parlements de Grenoble, d'Aix, de Reims, décidaient l'affirmative.

89. — L'enfant naturel est, de son côté, tenu de la dette alimentaire vis-à-vis de ses père et mère naturels, lorsque ceux-ci sont hors d'état de gagner de quoi subvenir à leurs besoins. Un arrêt du parlement de Paris, rendu le 5 Août 1782, sur les conclusions du Procureur général Séguier, confirme la jurisprudence antérieure sur ce point, en mettant à la charge de l'enfant naturel la nourriture de ses père et mère naturels qui sont dans l'indigence. Toutefois, cette obligation ne leur est imposée qu'autant que ces père et mère n'ont pas d'enfants légitimes en état de leur fournir des aliments, car l'obligation incombe tout d'abord à ces derniers.

90. — L'obligation alimentaire est réciproque entre le mari et la femme. Nous lisons, en effet, dans Argou, *Instit. au droit français,* liv. III, chap. 21 : « Le mari est tenu de nourrir et entretenir sa femme, quoiqu'elle ne lui ait point apporté de dot; et lorsque la femme a du bien, elle est obligée de fournir des aliments à son mari, quand celui-ci n'a pas de quoi vivre. » La jurisprudence des parlements était générale pour appliquer cette doctrine (Brillon, *Dict. de jurispr. universelle,* V° *aliments*).

91. — L'alliance était aussi, entre certains alliés, une source d'obligation alimentaire. Ainsi, le beau-père et la belle-mère étaient obligés de fournir des aliments à leur gendre et à leur bru ; et réciproquement, le gendre et la bru étaient tenus d'en fournir à leurs beau-père et belle-mère, tant que durait l'alliance « parce qu'on les considérait de la même manière que les pères et les enfants. » (Argou, *Institut. au droit français*, liv. III, chap. 21. — Arrêt du parlement de Paris, du 13 Mai 1613).

92. — Cette maxime « que l'on des aliments à ceux qui par alliance vous tiennent lieu de père et de fils, s'applique-t-elle non-seulement à l'alliance dérivant du mariage, mais aussi à l'alliance spirituelle, résultat du baptême ?

Quelques auteurs, et Surdus, entre autres, ont admis l'affirmative. Mais la jurisprudence coutumière admettait d'une façon constante la négative. « Les parrains et les marraines ne sont point tenus de payer les nourritures et entretenement de leurs filleuls, » dit Brillon, *Dict. de jurispr. univers.*, V° *aliments*. Un arrêt du parlement de Paris, du 4 Mars 1585, porte : « Le devoir de piété pour avoir tenu l'enfant sur les fonts ne doit tourner à leur dommage. » Même solution dans un arrêt du parlement de Rennes, du 13 Août 1613.

93. — Dans le droit coutumier, on admettait l'obligation alimentaire entre frères et sœurs, oncles et neveux. « Mais, ajoute Argou (*loc. suprà cit.*), quoique toutes ces personnes y dussent contribuer volontairement, c'est plutôt par honnêteté et par bienséance que par aucune injonction de la loi. »

Je dois faire remarquer, cependant, que la coutume de Bretagne, dans son article 532, attribuait à la justice le droit « de faire pourvoir les enfants sur les biens de leurs prochains lignagers, dans le cas où les père et mère ne pourraient subvenir aux besoins de ces enfants. »

Et Brillon (*loc. suprà cit.*) rapporte un arrêt qui contraint un frère riche à fournir des aliments à son frère dans le besoin.

94. — La donation était aussi une source d'obligation alimentaire pour le donataire vis-à-vis du donateur. Ricard, *traité des donations*, part. iii, N° 702, Dumoulin, *sur l'ancienne coutume de Paris*, § 31. gl. 1, N° 45, d'Argentrée, *sur l'ancienne coutume de Bretagne*, art. 122, gl. 1, sont d'accord pour déclarer que le donataire qui refuse des aliments au donateur, est déchu de sa donation. « Il est plus cruel, dit Dumoulin, t. i. p. 535, N° 160, de refuser des aliments que de se livrer à des injures. »

95. — Nos anciennes et notre ancienne jurisprudence décidaient que les aliments n'étaient point soumis au rapport : « Deniers déboursés par père et mère pour nourriture de leurs enfants... non sujets à rapport, » dit la coutume de Reims, art. 332.

Les aliments ne pouvaient faire l'objet d'une compensation. Argou, *Institut. au droit français*, liv. iii, chap. 21, dit, en effet : « Si celui qui doit les aliments est d'ailleurs créancier de celui à qui ils sont dus, il faut qu'il les paie, sauf à se pourvoir sur les biens du débiteur, s'il en a, et quand il n'en aurait point, la compensation n'aurait pas lieu, parce qu'il faut que les aliments soient employés, suivant leur destination, à l'entretien de celui à qui ils ont été assignés. »

Les aliments ne pouvaient non plus être l'objet d'une saisie : c'est ce qu'a décidé le parlement d'Aix, dans un arrêt du 24 Mars 1583. Et même Claude Le Caron *sur la Coutume de Péronne, Mondidier et Roye*, art. 138, dit que « si les biens des père et mère sont saisis et que les enfants n'ont aucun bien, ils peuvent obtenir des pro-visions pour vivre contre les créanciers, principalement si ce sont filles de qualité et de condition, et cela par préférence. »

Un autre privilége des aliments que signale Argou (*loc. suprà cit.*), c'est que lorsqu'il y a contestation au sujet des aliments, la cause doit être jugée sommairement, et le jugement qui intervient doit être exécuté nonobstant appel, du moins en donnant bonne et suffisante caution, car il n'est pas juste de laisser périr pendant le cours d'une longue procédure celui à qui les aliments sont dus, ni de lui occasionner des frais qu'il n'a pas moyen de supporter.

96. — Avant de terminer cette étude de l'obligation alimentaire sous le droit coutumier, disons un mot des *provisions alimentaires*.

Si la femme plaide en séparation de corps, elle peut demander une provision alimentaire *loco doarii*, pour laquelle elle a hypothéque du jour de son mariage (Claude Le Caron, *loc. suprà cit.*)

Généralement, dans toutes les questions d'état, jusqu'à ce qu'elles fussent tranchées, les aliments devaient être fournis au demandeur; ainsi le père était obligé de fournir des aliments à son fils dont il contestait la filiation ; c'est ce qui a été décidé par un arrêt du parlement de Paris, en date du 21 Août 1626.

DE L'OBLIGATION ALIMENTAIRE

sous le

CODE CIVIL

PROLÉGOMÈNES

97. — La loi religieuse, en nous enseignant que tous les hommes sont frères, nous ordonne de secourir et de nourrir de notre pain ceux qui sont dans le besoin.

Le législateur français n'a point formulé en articles de loi ce grand devoir de morale et de charité : la charité, en effet, aurait cessé d'être une vertu, du moment qu'elle aurait été commandée par la loi.

Mais il est des personnes qu'unissent les liens les plus étroits, et qui blesseraient la morale, si, étouffant la voix de leur conscience, elles laissaient dans la misère et le dénûment leurs plus proches parents. A ce grand devoir dont la violation eût crié vengeance, les rédacteurs de notre Code ont donné la consécration civile. Quant aux devoirs d'assistance à l'égard de parents moins proches ou d'étrangers, ils n'ont de sanction que dans la conscience. Mais s'ils n'ont point été reconnus civilement, ils n'ont pas été purement abandonnés à la morale, car l'État apporte à celle-ci son appui, en suscitant la

création de bureaux de bienfaisance, de crèches, de
salles d'asile, de caisses de retraite pour les vieillards.

L'obligation a'imentaire ne devient donc une obligation
civile que pour les personnes, dans les cas et les circonstances déterminées par la loi. C'est de cette obligation
légale que je dois traiter, et qui, bien qu'elle ait été
présentée quelquefois comme purement abandonnée dans
son application à la simple équité, présente des questions
de droit, à la fois si intéressantes au point de vue juridique, et si importantes au point de vue social, puisqu'elles
ont trait à la famille, le fondement de la société.

Je partagerai ce travail en cinq parties qui recevront
à leur tour des divisions successives, suivant leur importance, et je ferai précéder chacune de ces parties d'un
sommaire qui, en délimitant les matières d'une façon nette
et précise, permettra de suivre facilement les développements du sujet.

Quant à l'ordre à établir dans mes divisions, il sera
celui qu'indique la logique; aussi commencerai-je par
faire connaître, tout d'abord, en quoi consiste l'obligation
alimentaire, et en quelles circonstances elle peut prendre
naissance. Il me semble, en effet, qu'avant de connaitre
quelles personnes sont obligées à la dette alimentaire, il
faut savoir quelles circonstances peuvent lui donner naissance, puis en quoi elle consiste. Ensuite, arrive tout
naturellement l'examen des personnes qui en sont tenues :
prius est esse, quàm esse tale.

Cependant, comme dans ma première partie, je citerai
quelquefois des personnes soumises à l'obligation alimentaire, je dois, pour écarter toute idée vague mes explications sur la matière, dire tout de suite, qu'en droit français, l'obligation alimentaire est reconnue entre ascen-

dants et descendants, entre époux, entre certains alliés (art. 203, 205, 206, 207, 212 et 214 C. Civ.), sauf à compléter cette énumération dans ma seconde partie.

PARTIE I.

Dans quels cas l'obligation alimentaire peut prendre naissance ; en quoi consiste cette obligation.

SOMMAIRE :

CHAPITRE I.

Dans quels cas l'obligation alimentaire peut prendre naissance.

98. Le besoin chez l'ayant-droit aux aliments, et la possibilité pour le débiteur, de fournir ces aliments, sont deux conditions nécessaires pour que l'obligation alimentaire puisse prendre naissance. — Il faut que celui qui réclame des aliments ne puisse pas s'en procurer par son travail ; mais c'est là une question de fait subordonnée aux circonstances.

99. En principe, ce qui constitue le besoin, ce n'est pas l'insuffisance des revenus, mais le dénûment, l'indigence. Toutefois, dans l'appréciation du besoin, les magistrats devront s'inspirer des circonstances de fait dont ils sont, dans leur sagesse, les juges souverains.

100. La preuve du besoin incombe au demandeur en aliments.

101. Cette preuve faite, les aliments sont dus à celui qui les réclame, quel que soit son âge, et quelles que soient les causes de son indigence.

102. Faut-il admettre l'indignité alimentaire ?

103. *Quid*, en cas de simples interruptions des moyens d'existence, produites soit par la maladie, soit par le manque des travaux ?

104. Quel est le juge compétent, en matière de pensions alimentaires ?

CHAPITRE II.

En quoi consiste l'obligation alimentaire ?

105. Le mot *aliments* comprend tout ce qui est nécessaire aux besoins de l'existence.

106. L'obligation de fournir des aliments n'emporte pas l'obligation de payer les dettes de celui à qui les aliments sont dus ;

CHAPITRE Ier.

98. — Deux conditions sont nécessaires pour que l'obligation alimentaire puisse prendre naissance : le besoin chez l'ayant-droit et la possibilité pour le débiteur de fournir les aliments, condition essentielle qui, d'ailleurs, s'impose d'elle-même.

Ainsi, pour qu'une personne ayant qualité pour demander des aliments, puisse les obtenir, il faut qu'elle soit dans l'impossibilité de pourvoir elle-même à sa subsistance, en tout ou en partie, soit par des biens personnels, soit par son travail ou son industrie. « La loi n'a pu faire de la paresse une cause d'obligation à la charge d'un tiers ; il ne faut pas nourrir la fainéantise, ni favoriser le désœuvrement. Le travail, d'ailleurs, n'est-il pas un capital, et la source féconde des plus brillantes fortunes ? Celui donc qui n'ayant point de fortune, trouve à travailler, à utiliser ses talents ou son industrie, celui-là n'est pas dans le besoin » (Demolombe, *Traité du mariage*, t. II, N° 46).

Ainsi, le fils tombé dans le besoin par suite d'une vie dissipée, après avoir reçu une dot, un établissement, n'a aucun droit à des aliments, s'il peut trouver dans son travail ou son industrie des ressources suffisantes pour subvenir à ses besoins et à ceux de sa famille (Trèves, 18 août 1810, Dalloz, J. G. *mariage*, 657).

De même, un fils peut être déclaré non recevable à

demander des aliments à ses père et mère, lorsqu'il est constaté que cet enfant, en âge et en état de se suffire à lui-même, refuse de se livrer à aucun travail (Cass. req. 7 juillet 1863 ; D. P., 63, 1,400).

Il a même été décidé que le père et la mère, quelle que soit leur position de fortune, ne peuvent être contraints à payer une pension alimentaire à leurs enfants majeurs, alors qu'ils leur ont donné l'éducation nécessaire pour l'exercice d'une profession utile, à moins que ces derniers ne se trouvent, par des circonstances indépendantes de leur fait et de leur volonté, hors d'état de subvenir personnellement à leurs besoins (Paris, 13 avril 1833, J. G. *Mariage*, 650. — Paris, 18 janvier 1862, D. P., 62, 2, 59-60. — Paris, 6 février 1862, *ibid*. — Cass. req., 7 juillet 1863, D. P., 63, 1,400).

Toutefois, je crois qu'il ne faudrait pas toujours suivre cette décision, et adopter une doctrine trop rigoureuse ; il ne suffit pas, en effet, d'avoir une aptitude ou un talent quelconque, il faut encore trouver l'occasion de l'appliquer utilement. Aussi la Cour de Rennes a-t-elle jugé (24 décembre 1810, Dall., J. G. *Mariage*, 650), que les père et mère doivent des aliments à leurs enfants, alors même que ceux-ci auraient reçu une éducation suffisante pour être en état de pourvoir à leurs besoins par leur travail.

On le voit, il y a ici une foule de questions de fait dont l'appréciation souveraine est laissée aux magistrats. Pour décider si celui qui demande des aliments est ou non capable de s'en procurer, les tribunaux prendront en considération sa santé, son âge, son sexe, son éducation, sa position sociale et autres circonstances.

Et l'idée que celui qui trouve à travailler n'est pas

dans le besoin, doit s'entendre avec de certains tempéraments: de même que les besoins, le travail est relatif; ainsi il faut que le travail proposé au demandeur soit en rapport avec sa condition, l'éducation qu'il a reçue, enfin avec les habitudes de sa vie. Un père ne pourrait donc exiger que son fils se livre, pour vivre, à des travaux auxquels son éducation et les convenances sociales le rendent étranger (Rennes, 12 juin 1810, J. G. *Mariage*, 658-2° et 621); et, par exemple, que, contrairement à son éducation et à la fortune de ses père et mère, il se réduise à l'état de domesticité (Colmar, 7 août 1813, J. G. *Mariage*, 658-1°).

De même un arrêt de la cour de Bruxelles, du 10 janvier 1811 (J. G. *mariage*, 665, note 2, 2° espèce), a décidé que les parents qui, de leur aveu, sont dans un état brillant de fortune, ne peuvent refuser des aliments à leur fils, alors que ce fils, qui ne possède ni immeubles, ni capitaux, et qui n'est pourvu d'aucun emploi lucratif, n'a point été élevé pour se livrer à des travaux pénibles ou mécaniques, ou pour se faire commis ou écrivain.

99. — Mais est-ce seulement l'insuffisance des revenus qui constitue le besoin; ou bien faut-il que le demandeur en aliments ne puisse pas, avec son capital, se créer d'autres ressources? Ainsi, par exemple, lorsque celui dont les revenus sont insuffisants, demande des aliments à ses parents, ceux-ci sont-ils en droit d'exiger qu'il commence par vendre son fonds?

Pour soutenir que l'insuffisance des revenus constitue le besoin et peut donner lieu à une demande en aliments on invoque l'autorité de Dumoulin : « *Quia, in materiâ alimentorum, non est alienanda proprietas.* » (Gloss. 6, N° 8, art. 3, *Consuet. Paris*, tit. *Feud.*) Cette doctrine a même encore aujourd'hui ses autorités et ses partisans (Cass., 13 mars 1813, S., 1813. 1. 457; Vazeille, t. II, N° 513; Zachariæ, t. III, p. 607).

Les partisans de l'opinion contraire exigent, aux termes de l'article 205 du Code civil, que celui qui réclame des aliments soit véritablement *dans le besoin*.

1° Or, pour celui qui examine leur acception grammaticale, ainsi que le motif qui a dicté l'article 205, ces mots : « *dans le besoin* » signifient que l'ayant-droit aux aliments doit être dans le *dénûment*, dans l'indigence, dans l'impossibilité enfin de pourvoir lui-même à son existence. Donc, il n'y a pas lieu à l'application des articles 205 et suivants, lorsqu'au moyen de son capital ou de son fonds, par une vente, par une constitution de rente ou par tout autre moyen, le demandeur en aliments peut ne pas être à la charge d'autrui ;

2° L'immeuble dotal dont le législateur craint tant les démembrements, peut être aliéné pour fournir des aliments à la famille (art. 1558, 2° C. civ.). Ainsi le débiteur d'aliments pourrait être tenu lui-même d'entamer son capital, d'aliéner l'immeuble dotal pour faire vivre son parent dans l'indigence. Or, ne serait-il pas contraire à l'équité et à la logique de ménager le capital ou le fonds de l'ayant-droit aux aliments, au préjudice des biens du débiteur alimentaire ?

3° Sans doute, les aliments sont ordinairement une charge des revenus, et un bon père de famille devra, dans le gouvernement de sa propre fortune, suivre cette sage règle d'administration. Mais elle ne saurait être admise, lorsqu'il s'agit de savoir s'il y a lieu d'imposer à une personne l'obligation exorbitante de fournir des aliments à une autre, ce qui est, il faut le reconnaître, une atteinte légitime et justifiée sans doute, mais une atteinte véritable au droit absolu de propriété.

On ajoute, en faveur de cette opinion, qu'il pourrait même y avoir dans le système contraire de véritables abus. En effet, pour que l'obligation alimentaire puisse prendre naissance, la loi exige que l'ayant-droit soit « *dans le besoin* ». Or peut-on dire, sans ôter aux mots leur véritable sens, que celui-là est dans le besoin qui possède des terrains, des bois de haute futaie? Non, assurément; c'est inadmissible; et la prétention du demandeur ne saurait être acceptée par ce motif que les revenus de ses terrains, de ses bois sont insuffisants. Qu'il vende, et il aura alors à sa disposition un capital qui pourra lui permettre de subvenir à sa subsistance.

Ces motifs, comme on le voit, sont aussi juridiques que conformes à la raison et au sens des expressions employées par le texte. Aussi, je me range à cette doctrine, et je déclare qu'en principe, l'insuffisance des revenus ne constitue pas le besoin; que tant qu'un individu a des terres ou des bois au soleil, il n'est pas dans le besoin; que, pour justifier le droit aux aliments, il ne sufit pas d'une gêne provoquée par des revenus restreints, mais qu'il faut un véritable *besoin* dans le sens ordinaire du mot.

Toutefois, il ne faut pas se montrer trop absolu, et il convient, je crois, suivant les circonstances de fait, d'apporter une réserve au principe que je viens de poser. Le code civil, en effet, remarquons-le bien, en exigeant que le demandeur en aliments soit dans le besoin, n'a point défini les caractères de cette indigence, de ce dénûment; par conséquent, dans une certaine limite, l'appréciation du besoin est laissé au pouvoir discrétion-

naire des magistrats qui devront s'inspirer des circons-
de fait (V. cette question admirablement traitée par
M. Demolombe, *Traité du mariage*, t. ii, N° 44.)

Et pour ne donner qu'un exemple entre les situations
multiples qui peuvent se présenter, je suppose qu'un fils
n'ait d'autre fortune qu'un bien assez notable, mais
litigieux, contesté; je l'admettrais à demander à son père
une pension alimentaire, car il serait vraiment trop dur
de le forcer à vendre dans des conditions si défavorables,
un droit qui bientôt peut-être sera décidé en sa faveur.
Cette décision, en effet, est conforme à l'équité et parfaitement juridique, car le fils est, dans l'espèce, véritablement dans le besoin.

M. Demolombe (*ibid*) porte plus loin le pouvoir discré-
tionnaire qu'il reconnait aux juges dans les questions
d'aliments. Il pense que les tribunaux pourraient allouer
les aliments à titre de simple prêt, et sous la condition
d'une restitution à faire ultérieurement, lorsque, par
exemple, les circonstances permettront de vendre avan-
tageusement tel immeuble, telle valeur; ou bien encore,
lorsque tel évènement qui doit mettre le demandeur au-
dessus du besoin se sera réalisé. La loi, dit-il, ne
s'oppose nullement à de telles combinaisons.

100. — Est-ce au demandeur à faire la preuve du
besoin qu'il invoque pour se faire allouer des aliments,
ou bien au défendeur à prouver que le demandeur n'est
pas dans le besoin?

La doctrine et la jurisprudence admettent généralement
que c'est au défendeur de montrer que le demandeur a
des ressources, car, dit-on, le demandeur allègue un fait
négatif, et sous ce rapport, il est impossible de lui impossible de lui imposer nécessairement le fardeau de la

preuve (Demolombe, *Traité du mariage*, t. II, N° 47; Colmar, 7 Août 1813, S. 1813, 2,373).

Malgré les autorités qui appuient cette opinion, je ne crois point devoir l'admettre. Mon raisonnement est bien simple, mais il me semble péremptoire : aux termes de l'article 1315 du Code civil, « celui qui réclame l'exécution d'une obligation doit la prouver; » or, le demandeur en aliments se prévaut de l'obligation imposée à son débiteur; donc c'est à lui d'en faire la preuve, en établissant le besoin où il se trouve.

Mais, dit-on, exiger la preuve du besoin, c'est exiger la preuve d'un fait négatif; or, cette preuve est impossible. Je réponds que l'art. 1315 précité pose le principe en matière de preuve, sans distinguer s'il s'agit d'un fait positif ou d'un fait négatif : la règle établie en générale. D'ailleurs, c'est une erreur que de regarder comme impossible la preuve d'un fait négatif, car elle se résout alors en la preuve du fait positif contraire. Dans le cas qui nous occupe, comment donc s'y prendra-t-on pour prouver son indigence? C'est bien simple. Le demandeur prouvera qu'il a été obligé pour vivre de vendre une à une ses propriétés; il présentera les titres de vente, les bordereaux; il prouvera qu'il a engagé les capitaux qui lui restaient dans de mauvaises spéculations; que ses actions n'ont plus entre ses mains qu'une valeur nominale; qu'il a été obligé de recourir à des emprunts onéreux, etc.

101. — Supposons faite la preuve du besoin: le le défendeur n'a-t-il aucun moyen de faire rejeter la demande? — En établissant que si le demandeur est dans le besoin, ce n'est que par sa faute, ne peut-il point faire écarter sa réclamation?

C'est qu'en effet le dénûment qui donne lieu à la

demande l'aliments, peut avoir des causes diverses et de nature bien différente. Ces causes peuvent être très-respectables ; le demandeur, par exemple, peut avoir perdu tout ce qu'il possédait par la déconfiture d'un débiteur entre les mains duquel il avait placé tout son avoir ; ou bien une maladie l'a mis hors d'état de travailler et d'exercer sa profession. Dans de semblables conditions, il ne peut s'élever de difficulté. Mais la demande peut se présenter dans d'autres circonstances : un fils, par exemple, après avoir reçu de ses parents une dot ou un établissement quelconque, a tout perdu par sa faute, sa prodigalité ou son inconduite ; pourra-t-il même alors obtenir de son père des aliments, en supposant, bien entendu, qu'il ne puisse, par son travail, subvenir à ses besoins et à ceux de sa famille ? Oui, même dans ce cas ; le fils a eu des torts bien graves, mais ses fautes ne le rendent pas indigne de la vie.

L'ayant-droit aux aliments est-il dans le besoin ? tel est le point à vérifier. Si le besoin existe, par là même l'obligation alimentaire existe, quel que soit l'âge du demandeur, quelles que soient les causes de son indigence (Colmar, 7 août 1813, S. 1813, 2, 373 ; Vazeille, t. II, N° 514). Le texte ne laisse aucun doute à cet égard, en ne faisant aucune distinction entre les différentes causes qui ont amené le besoin (art. 205, 209, C. civ.) Toutefois, si ces considérations ne sont point de nature à mettre obstacle à l'obligation alimentaire, elles auront une grande influence sur le *quantum* de la prestation alimentaire qu'accordera le juge.

Il faut décider également que l'obligation alimentaire existe pour un enfant vis-à-vis de son père, quoiqu'il n'ait rien reçu de ce dernier comme dot ou moyen quelconque d'établissement, et que les ascendants doivent des aliments à leur enfant, même lorsqu'il s'est marié sans leur consentement et contre leur gré; qu'ils en doivent même au conjoint de leur enfant ainsi marié contre leur gré, et aux enfants issus de ce mariage.

102. — Mais une question plus délicate se produit ici: si de deux parents entre lesquels existe réciproquement l'obligation alimentaire, l'un s'était rendu indigne de succéder à l'autre pour l'une des causes énoncées en l'article 727 du code civil, aurait-il néanmoins le droit de lui demander des aliments ?

Le droit romain(L. 5, § 11, Dig., *De agnosc. et alend. liberis*), et notre ancienne jurisprudence prononçaient cette déchéance contre l'enfant qui avait commis envers ses père et mère une de ces offenses considérables pour lesquelles les lois prononcent la peine de l'exhérédation (V. ci-dessus mes N⁰ˢ 4 et 81).

Aujourd'hui, MM. Toullier, t. ɪɪ, N⁰ 614, Duranton, t. ɪɪ, N⁰ˢ 385 et 418, Marcadé, sur l'article 211, N⁰ 2, Aubry et Rau, t. ᴠɪ, p. 107, 4° *édit.*, et Rolland, V° *aliments*, N⁰ 9, estiment qu'on ne saurait, sans blesser l'esprit général de la loi, accorder à l'enfant indigne de succéder à son père le droit d'exiger des aliments. Serait-il juste, disent-ils, que le fils ingrat qui a méconnu les devoirs que lui impose sa qualité de fils, puisse venir ensuite invoquer en sa faveur cette même qualité? et comment se pourrait-il que la loi qui le prive, dans ce cas, de tout droit héréditaire, même pour cause d'aliments, sur la succession de l'ascendant, lui accordât une action contre l'ascendant même qu'il a outragé ?

Je crois avec MM. Oudot, *Droit de famille*, liv. 5, tit. ɪɪɪ, p. 486, et Demolombe, *Traité du mariage*, N° 51, que l'opinion moins rigoureuse est la meilleure.

1° De même qu'il n'y a pas d'obligation légale sans loi, de même une disposition légale ne peut s'étendre sans texte, et c'est entrer dans la voie de l'arbitraire que d'étendre les effets de l'indignité. M. Duranton, t. II, N° 386, le reconnaît : « Si les tribunaux, dit-il, adjugeaient des aliments dans ce cas, il serait bien difficile de faire réformer leurs décisions, attendu qu'aucune loi formelle n'aurait été violée. »

2° Avant la loi du 31 Mai 1854, la mort civile, douloureux accessoire des peines afflictives perpétuelles (art. 25, 3°, C. civ.) ne détruisait pas la dette alimentaire. Cette même loi, abolitive de la mort civile, a conservé également au condamné à une peine afflictive et perpétuelle, son droit aux aliments. Or, ces deux propositions me semblent la condamnation du premier système. Supposons, en effet, que celui qui a tenté de donner la mort au débiteur alimentaire, et qui a été condamné pour ce fait à une peine afflictive perpétuelle, vienne à former contre ce même débiteur, une demande en aliments; que pourra-t-on lui opposer, quand il invoquera l'article 3, 1° de la loi du 31 Mai 1851 ?

3° On doit d'autant moins confondre le droit à la succession avec le droit aux aliments que ce dernier droit a été entouré par la loi de garanties toute spéciales, et envisagé par elle comme le moins aliénable de ces deux droits. En effet, comme nous le verrons plus loin, on ne peut pas saisir, vendre une créance d'aliments; on peut saisir, vendre la succession qu'on recueille. Priver un individu du droit de succéder, c'est l'empêcher de grossir son patrimoine ; mais enlever à un individu son droit de réclamer des aliments quand il est dans le besoin, c'est se rendre coupable d'homicide, comme disaient les

Romains. Si donc il est juste que l'enfant ne s'enrichisse pas des biens d'un père dont il a peut être menacé les jours, il est également juste et moral qu'un père opulent ne laisse pas son fils mourir de faim. La société n'aurait-elle pas plus à gémir de voir un enfant dans la misère, tandis que son père est dans l'opulence, qu'elle n'a à profiter d'un exemple de sévérité qui romprait jusqu'aux derniers liens par lesquels ces existences pouvaient être rattachées l'une à l'autre ? (Dalloz, J. G. *Mariage*, N° 66 ; en ce sens également MM. Vergé et Massé sur Zachariæ, t. i, p. 222 note 14, Coffinières, *Encyclopédie du droit*, V° *Aliments*, N° 23).

103. — Enfin, que déciderons-nous dans le cas de simples interruptions des moyens d'existence, produites soit par la maladie, soit par le manque de travaux ?

Faut-il établir qu'en principe elles donneront lieu à la dette alimentaire ? ce serait dangereux peut-être : les bonnes années doivent servir de compensation aux mauvaises, et il faut se garder d'encourager la dissipation imprévoyante des ressources annuelles par la perspective d'autres ressources assurées. C'est donc ici que devra s'exercer avec sagesse, et surtout avec connaissance de cause, le pouvoir appréciateur du juge.

Le réclamant ne peut-il avoir recours à un emprunt, ou tout autre moyen transitoire ? Ne conviendrait-il pas d'obliger ceux qui sont tenus de la dette alimentaire à faire au demandeur les avances dont il a maintenant besoin ? Faut-il allouer à titre d'aliments une somme payable en une fois, par termes, pour un temps déterminé ?

Ce sont toutes choses que le juge devra considérer, et pourra prescrire suivant les circonstances de fait. La loi ne contenant rien de particulier à cet égard, les magistrats pourront se déterminer *ex æquo et bono* (V. Dalloz, J. G. *Mariage*, N° 662).

104. — Aux termes de la loi du 25 Mai 1838, les juges de paix connaissent « des demandes en pension alimentaire n'excédant pas 150 fr. par an, et seulement lorsqu'elles seront formées en vertu des articles 205, 206 et 207 du Code civil » (art. 6, N° 4).

Il y a ici une dérogation au droit commun. En effet, les juges de paix connaissent ordinairement des actions personnelles, en dernier ressort jusqu'à la valeur de 100 fr., et à charge d'appel jusqu'à la valeur de 200 fr. (art. 1er, loi du 25 Mai 1838). S'agit-il, au contraire de demandes en pensions alimentaires, aux termes de l'article 6 précité, le juge de paix n'est compétent que si elles n'excèdent pas 150 fr., et de plus, il ne connait de ces demandes qu'à charge d'appel.

Cet article 6 de la loi du 25 mai 1838 ne parle que des demandes formées en vertu des articles 205 et suivants du Code civil; le juge de paix, en admettant que la demande soit au-dessous de cent cinquante francs, serait-il compétent si un enfant naturel légalement reconnu réclamait des aliments à son père, et réciproquement ? Je ne le crois pas : le texte de l'article 6 *in fine* est trop formel pour pouvoir être étendu à d'autres cas que ceux qu'il prévoit. En dehors des cas réservés par la loi du 25 mai 1838, au juge de paix, la compétence pour les questions de pension alimentaire, revient au tribunal de première instance.

CHAPITRE II.

105. — Par le mot aliments, on entend tout ce qui est nécessaire aux besoins de l'existence : la nourriture,

le logement et le vêtement. Telle était la signification de ce mot dans le droit romain : « *legatis alimentis, cibaria, et restitus, et habitatio, quia sine his ali corpus non potest* » (L. 6, Dig., *De alimentis vel. cib. leg.*; LL. 43 et 44, Dig., *De verbor. signif.*) Telle est aussi celle que lui ont attribuée nos lois (art. 210 et 211, C. civ.)

Aux trois objets qui viennent d'être énoncés, il convient d'ajouter un article éventuel : les dépenses que peut nécessiter une maladie « *valetudinis impensa* (L. 45, Dig., *De usufructu*). Les remèdes sont, en effet, des aliments pour le malade, et à ce titre, le débiteur alimentaire est tenu de les payer. L'ayant-droit aux aliments peut avoir perdu la raison : l'établissement qui peut lui donner la guérison est le logement que sa position réclame ; le débiteur devra donc payer les frais de transport et de placement (art. 27 de la loi du 30 juin 1838).

Mais il me paraît bien difficile d'ajouter les frais funéraires à l'énumération des choses comprises sous l'expression aliments : ce serait forcer le sens de cette expression. Les mots *aliments* et *frais funéraires* me paraissent s'exclure l'un l'autre, et il me semble que l'existence des frais funéraires implique précisément l'extinction de l'obligation alimentaire.

100. — Mais l'obligation de fournir des aliments n'emporte pas celle de payer les dettes. Le droit romain donnait aussi cette solution : « *Parens, quamvis ali a filio ratione naturali debeat, tamen œs alienum ejus non esse cogendum exsolvere rescriptum est* » (L. 5, § 16, Dig., *De agnosc. et alend. liberis*; dans le même sens, Pothier, N° 392, Vazeille, t. II, N° 507; Aubry et Rau, t. VI; p. 108, 4° édit.; Demolombe, *Traité du mariage*, t. II,

N° 53). Et, en effet, l'obligation alimentaire comprend bien ce qui est nécessaire à la vie matérielle, mais non ce qui est nécessaire au bénéficiaire des aliments pour se débarrasser de ses créanciers. Autrement, l'obligation alimentaire deviendrait trop onéreuse, et porterait une trop lourde atteinte aux droits inviolables de la propriété.

107. — Faudrait-il adopter la même solution au cas ou la dette entraînant la contrainte par corps, l'ayant-droit aux aliments se trouverait en prison ?

Dans l'ancien droit, Rousseau de la Combe (V° *Aliments*, § 1. N° 2), enseignait que cette dette devait alors être payée. Il cite même un arrêt du 11 avril 1571 qui l'avait ainsi décidé. Cette doctrine, toutefois, n'était pas unanimement admise (V. Merlin, t. x, V° *Puissance paternelle*, sect. III, § 3, N° 4).

Elle ne pourrait pas davantage être soutenue aujourd'hui, surtout en présence de l'article 1558 du Code civil qui autorise l'aliénation de l'immeuble dotal « pour tirer de prison le mari ou la femme ; — pour fournir des aliments à la famille... » Il me paraît, en effet, résulter de cet article : 1° Que le conjoint n'est pas obligé, mais qu'il a seulement la faculté d'aliéner son bien pour tirer son époux de prison ; 2° et que dans les mêmes circonstances, cette obligation n'existe point à l'égard de la famille (V. Vergé et Massé sur Zachariæ, t. I, p. 25, note 30). J'ajoute avec M. Demolombe, *Traité du mariage*, N° 54, qu'une telle obligation serait exorbitante ; elle n'aurait plus de limites, et pourrait rendre le débiteur alimentaire victime de toutes les fautes et de tous les désordres de son parent. Le fils lui-même n'est pas tenu juridiquement de tirer son père de prison, sauf, comme disait Valin, à *se couvrir de honte*, suivant les circonstances, si pouvant le faire, il ne le faisait pas.

108. — Mais, que décider au cas ou ces dettes auraient été contractées pour besoins alimentaires ?

J'estime qu'il faut ici faire fléchir le principe, et décider que ces dettes doivent être acquittées par celui qui doit les aliments, du moment, bien entendu, où elles se renferment dans des limites convenables.

On oppose, il est vrai, que les aliments ont pour objet de donner à celui qui les obtient le moyen de conserver sa vie; or, dit-on, « *nemo vivit in præteritum.* »

Mais 1° il faut remarquer que la dette a commencé à existir du jour où sont nés les besoins qui rendent nécessaire la prestation des aliments. En conséquence, ceux qui, depuis cette époque, ont fourni les aliments à crédit, ont acquitté la dette de l'individu grevé de cette charge ; ils ont fait son affaire, et, par conséquent, ce dernier doit rembourser les avances qu'ils ont faites (art. 1375. C. civ.)

2° Cette solution est, d'ailleurs, réclamée par l'équité, par l'humanité. Il ne faut pas, en effet, priver absolument de tout crédit celui qui, dans sa détresse, ne pourrait pas à l'instant même s'adresser à ses parents ou alliés. Il faut, au contraire, encourager les tiers à le secourir, dès qu'ils le font de bonne foi, et dans des limites raisonnables (Bordeaux, 8 Juin 1839, Dalloz, J. G. N° 680 ; Vazeille, t. II, N° 509 ; Aubry et Rau, t. VI, p. 108, 4° édit.; Demolombe, *Traité du mariage*, t. II, N° 55).

109. — Tout débiteur, nous dit l'article 2092 du Code civil, peut être poursuivi sur tous ses biens, pour l'exécution de son engagement. Il ne peut sauver du naufrage de sa fortune que les objets mentionnés dans l'article 592 du Code de procédure civile.

Sous la législation romaine, il n'était permis au créancier de poursuivre certains débiteurs que dans la limite de leurs facultés « *in quantum facere possunt,* » et déduction faite de ce qui leur était nécessaire pour vivre « *ne egeat :* » c'est ce qu'on appelait le *bénéfice de compétence.*

Or, ce bénéfice existe-t-il encore dans notre droit? dans le cas où le créancier poursuivant serait l'ascendant du débiteur, ce dernier ne pourrait-il pas lui tenir ce langage : Vous me devez des aliments (art. 205 et 207, C. civ.), si vous me mettez dans le besoin en saisissant mes biens. Laissez-moi cet immeuble; je le cultiverai, et avec les revenus que j'en tirerai, je vivrai. Il y aurait contradiction de votre part à m'exproprier, puisque vous seriez obligé de me rendre d'une main ce que vous m'auriez pris de l'autre : *quem de evictione tenet actio, eumdem agentem repellito excepti.* Ce langage doit-il être écouté? Proudhon admet l'affirmative (T. I, sect. 8, § 3, p. 450). Cependant, je ne crois pas que ce raisonnement doive être accepté; il ne tend à rien moins qu'à ressusciter dans le Code civil le bénéfice de compétence des lois romaines ; or, notre ancienne jurisprudence ne me paraît pas avoir admis cette institution, et nos législateurs ne l'ont point consacrée. La contradiction qu'allègue le créancier alimentaire n'existe en aucune façon, et même si son raisonnement avait été admis, il eût pu en résulter de graves inconvénients. En effet, le débiteur, ayant-droit aux aliments dans notre espèce, à qui il aurait été laissé quelque bien pourrait le dissiper; il pourrait aussi s'en voir dépouiller par les créanciers autres que le débiteur d'aliments, et ce dernier ainsi frustré se trouverait grevé d'une nouvelle dette alimentaire (Toullier, t. II, N° 613; Vazeille, t. II, N° 513).

110. — Notre ancien droit allait plus loin encore.

Ainsi des père et mère demandant à leurs enfants une pension alimentaire, étaient obligés pour l'obtenir d'abandonner à ces enfants le peu de biens qui leur restait (V. ci-dessus mon N° 83). Notre Code étant muet sur cette obligation rigoureuse, nous ne la suppléerons point. Ce mode d'exécuter l'obligation alimentaire consistant à s'approprier le peu de biens qui reste au demandeur, serait assez singulier. Sur quel texte, d'ailleurs, ferions-nous reposer cette expropriation pour cause d'utilité privée? Si le demandeur est un prodigue, que le débiteur alimentaire lui fasse nommer un conseil judiciaire! (art. 513, C. civ.); Demolombe, *Traité du mariage*, N°° 44 et 57; Marcadé, sur l'art. 207).

PARTIE II.

Sources de l'obligation alimentaire; ordre à suivre entre les différents débiteurs alimentaires.

SOMMAIRE :

CHAPITRE I.

Des sources de l'obligation alimentaire.

SECTION I.

Première source de l'obligation alimentaire : le mariage.

116. De l'obligation alimentaire entre époux non judiciairement séparés de corps, mais séparés de fait.

117. Objection contre l'existence de cette dernière obligation ; réponse.

118. Dans les questions d'obligation alimentaire entre époux séparés de fait, le juge est souverain appréciateur des circonstances de fait.

119. La séparation de biens provenant, soit d'un contrat, soit d'un jugement, n'exerce aucune influence sur l'obligation alimentaire entre époux.

120. M. Dalloz est d'avis que même pendant la vie commune, il peut y avoir lieu à la prestation d'une pension alimentaire par l'un des époux à son conjoint.

121. De l'obligation alimentaire en cas de mariage putatif.

SECTION II.

Deuxième source de l'obligation alimentaire : les rapports de paternité et de filiation légitimes.

122. Les articles 205 et 207 du code civil établissent l'obligation alimentaire réciproque entre ascendants et descendants.

123. Réfutation de l'opinion de Toullier qui n'admet point la réciprocité de de l'obligation alimentaire des petits enfants vis-à-vis de leurs ascendants.

124. L'obligation alimentaire des père et mère envers leurs enfants, ne doit pas se confondre avec le devoir d'éducation que leur prescrit l'article 203.

125. Le père doit des aliments à son enfant dans le besoin, bien que celui-ci se soit marié contre sa volonté ; il en doit même au conjoint de cet enfant et aux enfants issus de ce mariage.

126. Note relative aux enfants légitimes.

127. Observations.

SECTION III.

Troisième source de l'obligation alimentaire : l'adoption.

128. Entre quelles personnes existe l'obligation alimentaire dérivant du contrat d'adoption.

SECTION IV.

Quatrième source de l'obligation alimentaire : la paternité, la maternité et la filiation naturelles.

129. La paternité et la maternité naturelles engendrent vis-à-vis des enfants naturels reconnus, le devoir d'éducation et l'obligation alimentaire.

130. L'obligation alimentaire existe-t-elle entre un enfant naturel et les ascendants de ses père et mère naturels?

131. Aperçu sur la reconnaissance des enfants naturels.

132. L'authenticité de l'acte de reconnaissance d'un enfant naturel, nécessaire pour établir sa filiation, l'est également pour lui donner le droit de réclamer des aliments à son père ou à sa mère qui l'a reconnu.

133. Mais l'engagement pris par acte sous seing-privé, de fournir des aliments à un enfant qu'on ne veut pas reconnaître, est valable, car il n'a rien de contraire aux lois ni aux bonnes mœurs.

134. Nou criterium, dans la solution des questions d'obligation alimentaire vis-à-vis d'enfants naturels, quand il n'y a pas eu une reconnaissance authentique de ces enfants.

135. Les enfants naturels doivent des aliments à leurs père et mère naturels.

136. L'obligation alimentaire qui résulte de la parenté naturelle s'étend aux enfants légitimes de l'enfant naturel.

SECTION V.

Cinquième source de l'obligation alimentaire : la paternité, la maternité et la filiation incestueuses ou adultérines.

137. La paternité et la maternité incestueuses ou adultérines engendrent vis-à-vis des enfants l'obligation alimentaire.

138. L'obligation alimentaire qui résulte de la parenté incestueuse ou adultérine, s'étend-elle aux descendants légitimes des enfants incestueux ou adultérins?

139. Les père et mère incestueux ou adultérins n'ont pas le droit d'exiger des aliments de leur enfant.

SECTION VI.

Sixième source de l'obligation alimentaire : l'alliance.

140. L'obligation alimentaire est imposée aux gendres et belles-filles vis-à-vis de leurs beau-père et belle-mère; et réciproquement.

141. Suite : elle existe vis-à-vis du conjoint de l'enfant naturel.

142. L'obligation alimentaire n'existe pas respectivement entre le parâtre et la marâtre, d'une part, et les enfants que son conjoint a eus d'un premier mariage, les filiâtres.

143. L'alliance produit-elle l'obligation alimentaire à tous les degrés de la ligne ascendante? Solution affirmative.

144. Cas dans lesquels vient à cesser l'obligation alimentaire résultant de l'alliance.

145. Le convol fait perdre à la belle-mère son droit alimentaire, et ne le fait pas perdre au beau-père ; motif de cette différence ; quid, du convol de la bru ?

146. Le gendre et la belle-fille conservent-ils le droit de demander des aliments à leur belle-mère remariée ? — Solution négative.

147. Même question et même solution en ce qui concerne l'obligation alimentaire du beau-père et de la belle-mère vis-à-vis de la bru remariée.

148. L'obligation alimentaire dérivant de l'alliance, cesse lorsque celui des époux qui produisait l'affinité, et les enfants issus de son union avec l'autre époux, sont décédés.

SECTION VII.

Septième source de l'obligation alimentaire : la donation.

149. La donation est une cause d'obligation alimentaire pour le donataire vis-à-vis de son bienfaiteur.

150. Cas dans lesquels le refus d'aliments du donataire vis-à-vis du donateur est une cause de révocation de la donation.

SECTION VIII.

Huitième source de l'obligation alimentaire : la tutelle officieuse.

151. La tutelle officieuse engendre une dette alimentaire tout-à-fait spéciale.
152. Cette obligation se rapproche du devoir d'éducation de l'article 203.

SECTION IX.

Neuvième source de l'obligation alimentaire : l'usufruit légal des père et mère.

153. L'usufruit légal des père et mère les soumet à une obligation alimentaire sui generis envers leurs enfants (art. 385 2°).
154. Cette obligation diffère de la dette alimentaire ordinaire.
155. Elle ne se confond pas non plus avec le devoir d'éducation de l'article 203.
156. L'obligation civile de se fournir des aliments n'existe point entre frères et sœurs, oncles et neveux.
157. Transition.

CHAPITRE II.

Ordre à suivre entre les différents débiteurs alimentaires

158. Les différentes personnes auxquelles la loi impose l'obligation alimentaire, ne sont point tenues concurremment, mais suivant un certain ordre.

159. En première ligne se place l'obligation alimentaire de chaque époux vis-à-vis de son conjoint.

160. Après le conjoint, viennent les parents, puis les alliés.

161. Parmi les parents, les descendants sont tenus avant les ascendants.

162. Il en est de même parmi les alliés.

163. Entre les personnes comprises dans ces différentes catégories, il faut établir une gradation basée sur la proximité du degré et le droit héréditaire.

164. Le petit fils d'un fils prédécédé doit-il des aliments à son aïeul, lorsque celui-ci a un autre fils au premier degré ?

165. Le père et l'aïeul maternel, en cas de décès de la mère, doivent-ils concurremment des aliments à leur enfant et petit-enfant dans le besoin ?

166. Du mode de contribution, quand le créancier alimentaire n'a que des petits enfants issus de fils prédécédés.

167. Observation. — L'enfant naturel ne doit venir qu'après l'enfant légitime.

168. Résumé.

169. Transition. — Division de la troisième partie de mon sujet.

CHAPITRE I.

SECTION I.

111. — Une des sources les plus importantes de l'obligation alimentaire, c'est le mariage. Au chapitre VI, tit. V du Code civil, qui a trait aux droits et devoirs respectifs des époux, nous trouvons deux articles qui établissent l'obligation alimentaire comme une conséquence nécessaire du mariage. « Les époux, nous dit l'article 212, se doivent mutuellement *fidélité, secours, assistance* ; et l'article 214 porte que le mari est obligé de *recevoir sa femme, et de lui fournir tout ce qui est nécessaire pour les besoins de la vie, selon ses facultés et son état.* » De ces dispositions découle l'obligation alimentaire entre époux. Par le mot

secours, la loi entend l'obligation pour chacun des époux de nourrir et entretenir son conjoint, lorsqu'il se trouve dans le besoin, obligation absolue qui lui est imposée indépendamment de tous régimes et conventions matrimoniales, même après la séparation de corps. Le mot *assistance* ne fait point ici double emploi avec l'expression *secours* qui précède. Le législateur a voulu indiquer par là que les secours entre époux ne doivent pas se borner à des prestations d'argent, des moyens pécuniaires d'existence, mais doivent encore comprendre ces soins, ces attentions, cette assistance enfin, qui ne s'acquittent qu'en personne.

112. — Quoi de plus légitime, d'ailleurs, que cette obligation pour chacun des époux de fournir à son conjoint ce qui lui est nécessaire pour les besoins de la vie ? Quels liens sont plus étroits que ceux du mariage ! Le mariage, n'est-il point, comme disaient les Romains, l'union indivisible de deux époux : *individua consuetudo...; consortium omnis ritœ ?* Le mariage, c'est une seule individualité en deux personnes *« sunt duo in carne unâ »*; c'est l'union de deux vies fondues en une seule. Les joies de l'un des époux sont les joies de l'autre, et loin de diminuer par ce partage, elles semblent, au contraire, s'en accroître. Les peines et la misère de l'un doivent être supportées par l'autre : le fardeau n'en est-il pas moins lourd quand on est à deux à le porter? Loin donc que les revers de la fortune, les infirmités morales ou physiques d'un des conjoints puissent autoriser l'autre à se décharger de ses obligations, c'est alors surtout, dans ces tristes épreuves de la vie, que l'époux est appelé à remplir envers son conjoint malheureux les saintes et nobles obligations du mariage.

Ces secours, cette assistance mutuelle, prescrits par le droit naturel, les époux ont solennellement promis devant l'officier de l'état-civil, de se les fournir l'un à l'autre; le jour de leur mariage, ils sont engagés à respecter et exécuter les obligations qui en découlent.

113. — Ainsi donc, aux termes de la loi, l'obligation alimentaire existe entre époux. Mais, en ce qui concerne l'acquittement de cette obligation, il faut noter une particularité. Ces aliments, ainsi que je l'expliquerai plus loin, sont ordinairement fournis au moyen d'une pension, d'un secours purement pécuniaire. Or entre époux, il ne peut, en principe, être question de pension alimentaire, puisque la vie est commune. L'obligation alimentaire n'apparaît point alors d'une façon distincte; elle est comprise avec les attentions, les prévenances et les soins personnels que se doivent les époux, dans les devoirs d'*aide, secours* et *assistance*.

Mais cette obligation, à l'état latent en quelque sorte, pendant la vie commune, combinée qu'elle est avec d'autres devoirs, se dégage et prend le caractère propre et indépendant de pension alimentaire, sous l'influence d'événements qui trop souvent viennent troubler l'harmonie ou le bonheur du mariage.

Examinons les cas les plus fréquents qui peuvent se présenter, et voyons ce que devient l'obligation alimentaire :

1° Quand les époux sont séparés de corps ;

2° Quand, sans être judiciairement séparés de corps, les époux vivent séparés de fait ;

3° Quand ils sont séparés de biens ;

4° Quand, enfin, pendant la vie commune, le mari n'offre pas à sa femme un logement ou un entretien convenable.

114. — Avant la promulgation du Code civil, l'article 8, sect. 9, de la loi du 20 Septembre 1792, portait que dans tous les cas de divorce, il serait alloué une pension alimentaire à l'époux divorcé qui se trouverait dans le besoin.

Le Code civil, en établissant le divorce à côté de la séparation de corps, permettait aux époux de rompre entièrement les obligations découlant de leur mariage, et de reprendre leur parole donnée devant l'officier de l'état-civil. Aussi, l'article 301 du Code civil me semble-t-il reconnaître à l'époux divorcé le droit de refuser des aliments au conjoint contre lequel il a obtenu le divorce.

Depuis la loi du 8 mai 1816, qui a supprimé le le divorce, la mort seule peut rendre aux époux leur entière liberté, et les délier de l'obligation alimentaire.

Mais ne faut-il pas transporter dans la matière de la séparation de corps, la disposition de l'article 301 applicable au divorce? Non assurément. L'époux contre lequel la séparation de corps a été prononcée, a droit, de même que celui qui l'a obtenue, à des aliments de la part de son conjoint (Bordeaux, 8 janvier 1838, J. G. *Mariage*, N° 640; Aix, 18 janvier 1841, *ibid.*)

La raison de cette différence entre les deux cas provient de ce que la séparation de corps ne dissout pas le mariage comme le divorce : la séparation du corps délie bien du devoir d'habitation commune, *dirortium a toro et mensa*, mais ne rompt pas les autres liens du mariage; par suite les devoirs de secours et assistance prescrits par l'article 212 du Code civil ne cessent point d'être applicables aux époux séparés de corps.

L'obligation alimentaire existe donc ici, et conserve tous les caractères que le Code lui a attribués, c'est-à-dire, qu'elle est proportionnelle à la fortune des époux séparés, au besoin de celui qui réclame, comme à la fortune de l'époux débiteur (art. 208 Code civ.; Aix, 18 avril 1871, D. P. 1872, 2.48).

En conséquence, lorsque le mari a été condamné à payer une pension calculée sur sa fortune au moment de la séparation, sa femme est fondée à en demander l'augmentation, si la fortune du mari vient à s'accroître notablement, alors même que la position de la femme n'aurait pas empiré sous le rapport du besoin (arrêt d'Aix, précité). Réciproquement, il y aurait lieu à réduction, en cas d'augmentation également notable survenue dans la fortune de la femme, la fortune du mari n'eût-elle point varié.

D'ailleurs, en cas de séparation de corps, les aliments dus par l'un des époux à son conjoint doivent avoir pour base non-seulement la fortune respective des époux, mais encore leurs conditions d'habitudes, et ce double élément d'appréciation est abandonné au pouvoir souverain des juges de fait (Cass. 30 Août 1864, D. P. 65. 1. 69).

115. — Le droit de réclamer des aliments à son conjoint existe, ainsi que je viens de le dire, au profit de l'époux contre lequel la séparation de corps a été prononcée; et cela, quels que soient les motifs qui aient amené la séparation : adultère, excès, sévices ou injures graves. Mais il doit alors être limité au cas d'un besoin bien démontré, surtout quand l'époux défendeur n'a pour moyen d'existence que son travail (Colmar, 9 Janv. 1834, J. G. Mariage, 610-3°).

De plus, pour la fixation de la pension à payer à l'époux coupable, il est juste de prendre en considération la gravité de ses torts, notamment ceux de l'époux adultère, et leurs conséquences funestes pour son conjoint. C'est, d'ailleurs, ce qu'a décidé un arrêt de la Cour de Lyon du 16 Mars 1835 (*J. G. Mariage*, N° 640).

Et même la réclamation du mari contre lequel a été prononcée la séparation, peut être écartée, lorsqu'il est constaté, d'une part, que le dénûment dont il excipe a pour cause son inconduite, et, d'autre part surtout, qu'il est en état de satisfaire à ses besoins par son travail (Cass. Req., 8 Juillet 1850. D. P. 50. 1, 225).

116. — J'aborde maintenant une matière très-discutée, et sur laquelle la jurisprudence a souvent eu à se prononcer. En cas de séparation de fait entre les époux, peut-il y avoir lieu à pension alimentaire ?

Je réponds, sans hésiter, dans le sens de l'affirmative. Et pour fonder sur des bases solides mes décisions sur les différents points que je vais examiner, je rappelle brièvement les principes juridiques qui dominent la matière de l'obligation alimentaire entre époux.

« Les époux, dit l'art. 212 du Code civil, se doivent mutuellement *secours* et *assistance*. » De cet article découle d'une façon bien certaine, l'obligation alimentaire entre conjoints. De plus, aux termes de l'article 214 C. civ., le mari est obligé de recevoir sa femme et de lui fournir tout ce qui lui est nécessaire pour les besoins de la vie, *selon ses facultés et son état*. De ces deux textes, je déduis le principe suivant : l'obligation du mari de nourrir et entretenir sa femme suivant ses facultés et son état est directement corrélative à l'obligation pour la femme de résider avec son mari ; et réciproquement, cette obligation pour la femme de résider avec son mari n'existe qu'autant que son mari lui offre un logement et un entretien en rapport avec ses facultés et son état. De là deux conséquences :

Première conséquence. Ce n'est que dans le domicile ou plutôt dans l'habitation même du mari que la femme peut demander les aliments qui lui sont dus. Mais le mari ne peut point s'affranchir de cette obligation, et éluder la loi par un fait purement personnel, au gré de son caprice. Par suite, si le mari met obstacle d'une façon quelconque à ce que la femme puisse rester au domicile conjugal, celle-ci a droit à une pension alimentaire : la faute du mari ne doit pas être pour lui une cause qui le décharge de ses obligations les plus sacrées.

A. Si donc le mari n'offre pas à sa femme un logement conforme à sa position, refuse de la recevoir, et de la traiter convenablement, il manque au devoir que lui impose l'article 214 du Code civil, et la femme ainsi contrainte de renoncer à la vie commune, a droit à une pension alimentaire. Elle doit tout au moins recevoir en argent les choses nécessaires à la vie, que son mari refuse de partager avec elle, au domicile commun (Paris, 3 Oct. 1810, J. G. *Mariage*, 749-3 ; Pau, 15 Février 1839, *ibid.* 749-7°; Liége, 20 Janv. 1841, *ibid.* 750-2'.)

B. Il en est ainsi du mari qui a quitté le domicile conjugal : il est tenu de pourvoir aux besoins de sa femme dans ce domicile.

C. Le mari doit encore des aliments à sa femme hors du domicile conjugal (et toujours sans qu'il y ait séparation de corps), lorsque, par son fait, la femme ne peut y habiter avec sûreté, lorsqu'elle est l'objet de sévices et de mauvais traitements (Montpellier, 23 Déc. 1830, J. G. *Mariage*, 668-1°; Bordeaux, 8 Juin 1839, *ibid.*, 668-2'). Et, dans ces circonstances, le mari pourrait être contraint de payer les dettes que sa femme aurait contractées pour satisfaire à ses besoins (Bordeaux, 8 Juin 1830, J. G. *Mariage*, 680).

Je crois même que la femme serait fondée à refuser la vie commune, et à former une demande en pension alimentaire, s'il se passait au domicile conjugal des choses qu'une femme qui se respecte, ne peut supporter; par exemple, si le mari se livrait à quelque profession honteuse, ou s'il entretenait une concubine dans la maison même; de même encore, s'il n'avait pas un domicile indépendant, s'il y avait confusion de ménages, fût-ce même avec le père ou la mère du mari, et dans le cas où cette communauté d'habitation serait devenue pour la femme une source de contrariétés et d'humiliations intolérables (Demolombe, *Traité du mariage*, t. II, N° 95; ci-dessus mon N° 85).

Mais si le mari qui vit séparé de fait de sa femme et lui paie une pension, l'invite à revenir dans sa maison ou offre sérieusement de la traiter convenablement, les tribunaux peuvent obliger la femme à rentrer au domicile conjugal, et, à cet effet, autoriser le mari à refuser le paiement de la pension.

Deuxième conséquence. D'autre part, si la femme foulant aux pieds ses promesses, abandonne son mari, et quitte le domicile conjugal, elle perd son droit aux aliments. Elle peut participer à la vie commune dans la maison de son mari; elle s'y refuse : le mépris de ses devoirs ne peut aggraver l'obligation de son conjoint et le forcer à payer une pension alimentaire. Mais ce mari ainsi délaissé ne doit point, par le fait indigne de sa femme, perdre les prérogatives que l'article 212 attache à son titre d'époux ; il a le droit d'exiger, s'il en a besoin, une pension alimentaire de sa femme.

Ainsi non-seulement le mari peut refuser des aliments à sa femme qui l'a abandonné (Colmar, 10 juill. 1863,

J. G. *Mariage*, 757-1° et 761), non seulement il n'est pas obligé de payer les sommes nécessaires à son entretien, dans de semblables conditions (Trib. de la Seine, 21 oct. 1830, J. G. *Mariage*, 757-2°), mais il peut, en cas de besoin, demander à sa femme une pension alimentaire. Celle-ci, durant la vie commune, ne pourrait se soustraire à cette obligation ; elle ne peut, par sa conduite coupable, se soustraire à ses devoirs. La Cour de Bordeaux a même décidé, dans un arrêt en date du 3 Février 1853 (D. P. 54. 2. 10), qu'un mari auquel sa femme a rendu impossible la continuation de la vie commune, peut, sans faire prononcer la séparation de corps, obtenir d'elle en justice, les aliments nécessaires pour avoir un train de vie distinct.

117. — Mais, objectera-t-on, la séparation de corps est le seul moyen par lequel la femme puisse être légalement dispensée de l'obligation d'habiter avec son mari. Tant qu'elle ne la demande pas, cette obligation reste absolue; or, pendant la vie commune, il ne peut être question de pension alimentaire. D'ailleurs, ajoute-t-on, que les époux séparés de fait fassent régulariser leur position, en demandant la séparation de corps !

Je réponds, 1° qu'il ne s'agit pas ici de relever la femme une fois pour toutes, et irrévocablement de son devoir de cohabitation ; mais je dis que dans l'état actuel des choses et quant à présent, le mari, par sa conduite indigne, par sen inexécution des obligations prescrites dans les articles 212 et 214 du Code civil, se rend lui-même non recevable à l'y contraindre. Qu'il fasse d'abord cesser les obstacles qui, aux yeux mêmes des magistrats, légitiment en ce moment la résistance de la femme, et alors celle-ci pourra revenir au domicile conjugal ; mais jusqu'alors, et par le fait même du mari, la femme a droit à une pension alimentaire, à défaut d'aliments pris à la table commune.

2° Exiger la séparation de corps pour qu'il puisse y avoir lieu à une demande en pension alimentaire, c'est, ce me semble indiquer un remède pire que le mal. La position de deux époux qui vivent séparés de fait, est toujours sans doute une atteinte à la morale; mais la séparation de corps prononcée par la justice n'a-t-elle donc jamais de tristes conséquences au point de vue de la morale! Et puis, il se peut, que les faits suffisants pour motiver une séparation de fait entre époux, ne le soient point pour faire prononcer une séparation de corps. Il se peut qu'il y ait seulement de la part de l'époux coupable, originalité, travers d'esprit, oubli passager de ses devoirs plutôt que méchanceté ou immoralité.

D'ailleurs, la femme peut ne pas vouloir demander la séparation de corps : elle songe à l'avenir de ses enfants, que cette séparation pourrait compromettre ; elle craint le scandale que peut-être elle provoquerait ; elle pense à sa famille que cette extrémité jetterait dans la douleur... Peut-être n'a-t-elle point de plus grand désir que celui de rentrer au domicile conjugal ; mais elle attend le terme d'un égarement passager sans doute, d'une dureté de caractère que l'ivresse occasionne et qui disparaîtra avec cette fatale habitude ; elle n'attend que le départ de la concubine pour se réunir à son mari... Or, loin que la loi lui fasse une nécessité absolue de demander la séparation de corps, l'article 214 atteste que l'obligation de l'habitation commune pour la femme est corrélative au devoir du mari de la recevoir et traiter convenablement.

Et, dans ces conditions, l'époux forcé de se séparer

momentanément de son conjoint, ne pourrait pas exiger
de l'époux coupable une pension qui lui permît de vivre
et d'attendre le retour de ce dernier à ses devoirs! Il
serait forcé de recourir à la séparation de corps, malgré
toutes les considérations qui lui font rejeter ce parti
extrême! Il ne peut en être ainsi! un tel système serait,
à mon avis, contraire à l'article 214, qui me semble subor-
donner (je le répète encore, car c'est la base de ma discussion) la vie commune à l'obligation pour le mari de
recevoir convenablement sa femme, et de la traiter selon
ses facultés et son état, et qui, réciproquement, n'impose
au mari ces obligations qu'autant que la femme accepte la
vie commune. Un pareil système serait déplorable dans
ses conséquences, puisqu'il aurait pour résultat de pousser
à la séparation de corps des époux séparés de fait, mais
que la naissance d'un enfant, ou toute autre circonstance
rapprochera peut-être dans un avenir peu éloigné.

118. — Ainsi donc il peut y avoir lieu à pension alimentaire entre époux séparés de fait. Mais il ne faut pas
oublier qu'il y a là une dérogation au mode habituel
d'acquitter la dette alimentaire entre époux, car la place
de chaque époux est dans l'habitation commune, et, en
principe, ce n'est qu'au domicile conjugal que les aliments
sont dus.

Les magistrats devront donc, en présence de demandes
en pension alimentaire dans de semblables conditions,
user d'une grande réserve, et s'inspirer surtout des circonstances de fait dont ils sont, dans leur sagesse, les
appréciateurs souverains. Ces demandes, en effet, présentent souvent des questions délicates, et c'est parfois
une mission difficile que de concilier dans une juste mesure
le droit de la femme à une pension, avec la puissance
maritale.

13

119. — La séparation de biens, qu'elle résulte d'un contrat ou d'un jugement, ne modifie en rien les obligations personnelles qui naissent du mariage. Elle n'a donc aucune influence sur l'obligation alimentaire; en effet, ici la vie est commune, et il ne peut être question, en principe, d'une pension alimentaire.

120. — Je répète ici, comme je l'ai dit au N° 113, qu'en principe, pendant la vie commune, il n'y a point lieu à pension alimentaire. En effet, chacun des époux prenant place à la même table, ayant la même demeure, il semble bien qu'il ne puisse être question de pension. Cependant M. Dalloz, J. G. *Mariage*, 660, pense que même pendant la vie commune, il pourrait y avoir lieu à pension alimentaire. « Il ne suffit pas, dit-il, qu'un mari reçoive sa femme pour se mettre envers elle à l'abri de toute créance à titre d'aliments. En effet, la femme qui ne pourrait obtenir du mari un entretien conforme à son état et à sa position sociale, aurait action contre son mari : et certes la décision du tribunal qui, dans la vue d'éviter des contestations ultérieures, condamnerait le mari à payer à sa femme une somme fixe par année, pour le seul objet de l'entretien, serait d'une incontestable justice. » Il en serait de même si le mari n'offrait pas à sa femme un logement convenable, eu égard à sa position.

Peut-être pourrait on objecter que ce paiement par le mari à sa femme d'une pension alimentaire, pendant la la vie commune, paraît incompatible avec l'autorité maritale. Mais la loi même prévoit et règle des cas qui, sans être exactement semblables à celui-ci, ont avec lui une certaine analogie. Ainsi, les articles 1534 et 1549 du Code civil prévoient la faculté pour la femme de toucher annuellement, sur ses seules quittances, certaines portions de ses revenus pour son entretien et ses besoins personnels.

121.—Notons, en terminant cette section, que l'obligation alimentaire dérive aussi du mariage putatif. Ce mariage est un mariage nul, mais contracté de bonne foi ; et la loi, eu égard à cette considération, lui a attribué tous les effets d'un mariage valable. Mais, comme c'est là une faveur attachée à la bonne foi, il s'ensuit que si un seul des époux est de bonne foi, celui-ci seul a droit de réclamer des aliments à l'époux de mauvaise foi, car, à l'égard de ce dernier, le mariage est nul et ne saurait lui conférer aucun droit.

122. — Le Code civil place au nombre des effets découlant du mariage l'obligation pour les enfants de nourrir leurs ascendants dans le besoin, et, pour ces derniers, l'obligation dans les mêmes circonstances, de nourrir leurs descendants (art. 205 et 207, C. civ.). Mais cette obligation est plutôt, ce me semble, un effet de la *paternité* et de la *filiation* qu'un effet du *mariage* ; et ce qui le prouve, c'est qu'elle existe, ainsi que je le montrerai bientôt, entre tous ceux dont la paternité et la filiation sont légalement établies, aussi bien entre les père et mère et leurs enfants naturels, qu'entre les père et mère et leurs enfants légitimes.

Est-il besoin de prouver la légitimité de l'obligation alimentaire entre les parents et les enfants issus de leur mariage ? N'est-ce point là un de ces articles de la loi naturelle, que tous les cœurs honnêtes ont sanctionnés d'avance, et que l'amour paternel comme la piété filiale s'empressent de remplir?

Les enfants, comme dit Descartes, sont d'autres nous-mêmes; ils vivent la même vie que leurs père et mère; ils ne peuvent mourir de faim, quand ceux qui les ont mis au monde peuvent subvenir à leurs besoins. Pourquoi donc le Code a-t-il sanctionné une obligation qui semble si naturelle et si légitime? C'est que nos législateurs, hommes pratiques, savaient qu'il existe parfois des père et mère assez dénaturés pour étouffer le cri de leur conscience, et abandonner dans la détresse leurs malheureux enfants, des parents qui n'ont plus d'entrailles, puisque la voix du sang les laisse impitoyables. Ce sont-là de ces crimes de lèse-nature heureusement fort rares, qui, en raison de leur caractère odieux, devaient être prévenus par une disposition de la loi.

Mais si les parents doivent nourrir leurs enfants dans le besoin, il est également fort juste que les enfants viennent au secours de leurs parents dans la détresse. L'enfant légitime doit tout à ses parents : c'est d'eux qu'il a reçu le bienfait de la vie ; c'est à eux qu'il doit les soins dont son enfance a été entourée, à eux qu'il doit presque toujours les priviléges inestimables de l'éducation et de l'instruction. S'il a quelque chose, c'est à eux qu'il en est redevable, et c'est avec justice que ses parents pourraient lui dire aussi : « *Quid habes quod non acceperis.* »

Secourir ses parents lorsqu'ils sont dans le besoin, ce n'est donc, de la part d'un enfant, que la restitution d'une minime fraction des biens qu'il a reçus dans sa jeunesse ; c'est pour lui un devoir de reconnaissance : Honore ton père et ta mère, lui disent la loi divine et la loi naturelle ; et son cœur comme sa piété filiale lui répètent que c'est le devoir d'un bon fils d'entourer de soins le malheur ou la vieillesse de ses parents. Si le code a sanctionné cette obligation, c'est qu'il y a de mauvais fils, des fils indignes de ce nom, et qu'il ne fallait pas donner à la société ce spectacle odieux d'un enfant dans l'opulence ou même dans l'aisance, laissant un père traîner péniblement sa vieillesse, ou périr dans le dénûment.

123. — « Les enfants, dit l'article 205 du Code civil, doivent des aliments à leurs père et mère et autres ascendants qui sont dans le besoin. » Réciproquement, les père et mère et autres ascendants doivent, dans le même cas, des aliments à leurs enfants et autres descendants : telle est la conséquence naturelle et logique qui découle de la combinaison de l'article 205 précité, avec l'article 207 du Code civil.

Cependant Toullier, t. ii, N° 612, dit que l'obligation alimentaire n'étant pas littéralement imposée aux ascendants supérieurs envers leurs petits-enfants, « les tribunaux pourraient, suivant les circonstances, rejeter l'action alimentaire dirigée par les petits-enfants contre leurs aïeuls ou aïeules ; car il n'y aurait pas de loi violée. »

Tous les auteurs repoussent cette opinion. Sans doute le jugement qui rejetterait l'action alimentaire des petits-enfants, en se fondant, *en fait*, sur les circonstances, échapperait à la cassation ; mais il en serait autrement de la décision qui repousserait cette action comme non fondée *en droit*. La loi violée serait, dans ce cas, l'article 207 du Code civil, qui étend le principe de réciprocité aussi bien à l'article 205 qu'à l'article 206.

On conteste, il est vrai, ce point ; mais l'objection ne porte point. En effet, elle est réfutée d'abord par le texte de l'article 207. « *Les obligations* résultant de ces dispositions sont *réciproques.* » Ce n'est donc qu'arbitrairement qu'on restreindrait la relation de l'article 207 à l'article 206 ; et la preuve en est que d'après le projet, les articles 205, 206 et 207 ne formaient primitivement qu'un seul article (47) divisé en trois paragraphes (Locré, *législ. civ.* t. IV, p. 432).

Je puis ajouter un autre argument encore : Si les aïeuls et aïeules n'étaient pas tenus en vertu du texte même des articles 205 et 207, de fournir des aliments à leurs petits-enfants, il arriverait que les père et mère ne seraient pas tenus davantage de cette obligation vis-à-vis de leurs enfants. En effet, remarquons qu'il ne s'agit pas ici du devoir d'éducation de l'article 203, mais bien de l'obligation alimentaire proprement dite, dont ils doivent s'acquitter envers leur enfant, quel que soit son âge. Or, si cette obligation spéciale ne leur est pas imposée par l'article 207 combiné avec l'article 205, elle elle ne leur est imposée non plus par aucun autre texte ; et l'on arrive à conclure que l'obligation alimentaire n'existe point pour les père et mère vis-à-vis de leurs enfants.

Reconnaissons donc que ce devoir alimentaire existe à la charge des ascendants à l'égard de leurs petits-enfants, et qu'il leur est imposé par les articles 205 et 207. Cette solution, est, d'ailleurs, très-conforme à ce caractère de réciprocité qui, comme nous le verrons plus loin, distingue habituellement l'obligation alimentaire ; elle est conforme à la raison, car si les liens du sang entre descendants et ascendants autres que père et mère, sont moins étroits qu'entre un père et son enfant, la justice et la conscience n'en auraient pas moins été blessées, si la loi positive n'eût fourni une action en aliments à l'enfant dans le besoin, contre son aïeul dans l'opulence (Demolombe, *Traité du mariage*, t. ii, N° 23; Paris, 2 août 1806, J. G. *Mariage*, 622 et 689).

124. — L'obligation alimentaire des père et mère envers leurs enfants (art. 205 et 207, C. civ.) ne doit pas être confondue avec l'obligation de *nourrir, entretenir et élever leurs enfants*, que leur prescrit l'article 203.

Mourlon, t. i, tit. *Du mariage*, fait très-bien ressortir ce point : « Le *devoir d'éducation* de l'article 203, dit-il, commence à la naissance de l'enfant et ne cesse que lorsque les père et mère l'ayant fait homme, l'ont mis ainsi en état, par l'éducation physique et morale qu'ils lui ont donnée, de gagner lui-même honorablement sa subsistance. Ce devoir rempli, alors commence pour eux une obligation d'une autre nature, c'est-à-dire l'obligation lorsque, par suite de quelque maladie ou de toute autre cause, leur enfant devenu homme, se trouve dans le besoin et hors d'état de pourvoir à sa subsistance, de lui venir en aide, soit en le recevant chez eux, soit en lui fournissant une pension en argent. »

Il y a entre ces deux obligations quelques différences qu'il est bon de signaler.

Première différence. Le devoir d'éducation a pour objet des *soins.* L'obligation alimentaire consiste ordinairement dans la prestation d'une *somme d'argent.*

2ᵐᵉ *différence.* Dans l'obligation alimentaire, il y a réciprocité. Pour le devoir d'éducation, pas de réciprocité: les enfants sont tenus envers leurs père et mère à des *secours pécuniaires*; légalement ils ne sont pas tenus à des *soins.*

3ᵐᵉ *différence.* Les alliés ne se doivent pas de soins. L'obligation alimentaire existe, au contraire, à l'égard de quelques-uns d'entre eux (V. section vi de ce chap.)

4**me** *différence*. Le devoir d'éducation a une limite marquée : celle où l'enfant devenu homme est apte à diriger lui-même sa destinée. L'obligation alimentaire n'a point de terme fixe; elle peut continuer d'exister jusqu'à la mort de l'ayant-droit.

125. — Le père est tenu de fournir des aliments à son enfant dans le besoin; mais cette obligation existe-t-elle vis-à-vis même de l'enfant qui s'est marié contre la volonté de son père ? Oui, assurément; et cette solution affirmative est unanimement admise par la doctrine et la jurisprudence (Toullier, t. ii, n° 614, Vazeille, t. ii, N° 482; Demolombe, *Traité du mariage*, t. ii, N° 49). L'opinion contraire, en effet, est condamnée à la fois, et par les termes généraux de la loi, et par son esprit (Cass. Req. 7 Déc. 1808, J. G. *mariage*. 665; Bruxelles, 19 janv. 1811, *ibid.*; Caen, 15 Avril 1828. *ibid.*)

Par contre, un enfant même non doté par ses parents, est tenu, le cas échéant, de leur fournir des aliments tout aussi bien que celui qui a été avantagé. Sauf aux juges, dans ces différents cas, à prendre en considération les circonstances pour la fixation du *quantum* de la dette alimentaire.

Toutefois, le droit pour le fils marié contre la volonté de ses parents, de réclamer à ces derniers des aliments, doit être concilié avec le principe qui lui refuse toute action pour établissement par mariage (art. 204 C. civ.). On comprend, en effet, que cet article 204 serait éludé si l'enfant pouvait obtenir à titre d'aliments ce qu'il ne peut demander à titre de dot. C'est par la fixation de la quotité de la pension alimentaire que les juges concilieront les dispositions des articles 205 et 207 avec l'article 204.

Les père et mère doivent-ils des aliments au conjoint

de leur enfant ainsi marié contre leur gré, et aux enfants issus de ce mariage? Ici encore, j'admets l'affirmative, car enfin est-ce que ce conjoint n'est pas leur gendre ou leur bru? Est-ce que les enfants nés de ce mariage ne sont pas leurs petits-enfants? est-ce que ces père et mère ne pourraient pas, de leur côté, réclamer des aliments à leur bru et à leurs petits-enfants? Oui, sans aucun doute (art. 205 et 207); dès lors, ils sont tenus aussi de leur en fournir s'ils en ont besoin (Demolombe, *Traité du mariage*, t. ii, N° 50).

Remarquons, d'ailleurs, qu'un jugement obligeant un père à servir à son fils une pension à titre de secours, échappe à la censure de la Cour de Cassation, alors qu'il ne présente, dans la forme, aucune violation de la loi.

126. — Je dois faire remarquer ici que tout ce que je viens de dire concernant les enfants légitimes s'applique aux enfants légitimés. « Les enfants légitimés par le mariage subséquent, dit en effet l'article 333 du Code civil, auront les mêmes droits que s'ils étaient nés de ce mariage. »

127. — Je termine cette section par deux observations : La première, c'est que la demande en pension alimentaire d'un enfant contre ses parents, peut être dirigée contre le père seul, comme chef de la communauté (Rennes, 12 Juin 1810, J. C. *Mariage* 621). La seconde, c'est que les aïeuls devront payer une pension à leurs petits-enfants, alors même que la mère de ceux-ci est encore en vie, si elle se trouve elle-même sans ressources (J. G. *Mariage*, 643).

SECTION III.

128. — Je viens d'examiner l'obligation alimentaire qu'engendrent les rapports de paternité et de filiation légitimes. Or, à côté de la filiation dérivant des liens du sang, existent une paternité et une filiation purement civiles dérivant du contrat d'adoption. De cette filiation, la loi a fait découler entre adoptant et adopté l'obligation alimentaire: cette obligation, porte l'article 319 du Code civil, sera considérée comme commune à l'adoptant et à l'adopté l'un envers l'autre.

Adoptio naturam imitatur, dit-on quelquefois pour caractériser les effets de l'adoption; cependant, il ne faut pas prendre cet adage trop à la lettre, car le rapport de quasi-paternité et de quasi-filiation que l'adoption établit entre l'adoptant et l'adopté, est loin de produire toutes les conséquences attachées à la paternité et à la filiation proprement dites, et n'engendre que certains effets juridiques, indiqués par la loi. Ainsi, en règle générale, l'adoption n'établit des rapports juridiques, et ne crée des droits et des obligations qu'entre l'adoptant et l'adopté (Arg. des art. 347, 349 et 350, C. civ.) J'en conclus :

1° Que l'obligation réciproque de se fournir des aliments, créée par le contrat d'adoption entre l'adoptant et l'adopté (art. 349) n'existe point entre l'adopté et les ascendants de l'adoptant ;

2° Que l'adopté ne doit pas non plus d'aliments au conjoint de l'adoptant, ni l'adoptant au conjoint de l'adopté. Le Code, sans doute, établit entre ces personnes une prohibition de mariage (art. 348); mais on comprend que c'est dans un but d'honnêteté publique que cette disposition a été édictée.

3° Bien plus, j'incline à penser, suivant l'opinion de M. Demolombe (*Traité de l'adoption*, N° 141), que l'obligation alimentaire n'est pas commune entre l'adoptant et les descendants de l'adopté. Et, en effet, si je compare l'article 349 d'une part, avec les articles 205 et 207 d'autre part, je remarque entre ces dispositions une différence de rédaction qui me paraît significative. « L'obligation de se fournir des aliments dans les cas déterminés par la loi, dit l'article 349, sera commune à *l'adoptant et à l'adopté l'un envers l'autre.* » Au contraire, nous lisons dans les articles 205 et 207 : « Les enfants doivent des aliments à leurs père et mère et *autres ascendants* dans le besoin. » Les obligations résultant de ces dispositions sont réciproques. » Ainsi, tandis que les articles 205 et 207 édictent expressément l'obligation alimentaire entre les enfants et les ascendants autres que père et mère, l'article 349 ne fait même pas mention de cette obligation entre l'adoptant et les enfants de l'adopté ; et pourtant s'il était nécessaire de s'expliquer, c'était bien plutôt sans doute pour établir l'obligation alimentaire entre les enfants de l'adopté et l'adoptant, qui leur est étranger, que pour l'imposer entre les petits-enfants et leurs aïeuls et aïeules, qui leur sont attachés par les liens du sang.

120. — La parenté naturelle, quoique moins étendue dans ses effets que la parenté légitime, engendre comme celle-ci (lors, bien entendu, que les rapports de paternité

et de filiation sont prouvés), certains droits que sanctionne notre loi civile, soit au profit des père et mère naturels, soit au profit des enfants naturels (V. les art. 158, 370-379 *combinés* avec l'art. 383, 756, 761 et 765, C. civ.)

Au nombre des devoirs que produit cette parenté naturelle, faut-il compter notamment l'obligation alimentaire ? Telle est la question que je vais traiter ; et pour l'exposer d'une façon claire et précise, je la subdivise en deux parties que j'examinerai successivement : 1° Les père et mère doivent-ils des aliments à leurs enfants naturels ? 2° Ces derniers ou doivent-ils à leurs parents naturels ?

1° Je fais d'abord remarquer que l'obligation de nourrir, entretenir et élever ses enfants, consacrée par l'article 203 du Code civil, et que j'ai déjà désignée sous le nom de *devoir d'éducation*, n'est pas restreinte aux père et mère légitimes ; elle s'applique également aux père et mère naturels. En effet, il ne me semble pas exact de dire que cette obligation est exclusivement une conséquence du mariage : elle est une conséquence de la procréation des enfants, soit dans le mariage, soit hors du mariage : le mariage ajoute certainement quelque chose à la force de cet engagement, mais il ne le fait pas naître.

Notre Code, dans l'intérêt même de l'ordre public, devait ériger ce devoir en obligation civile, et l'ensemble des articles qui règlent les rapports des enfants naturels, incestueux ou adultérins, prouve bien que nos législateurs ont entendu donner une consécration légale à cette obligation naturelle (V. art. 383, 756-765, C. civ.) Seulement cette obligation est moins étendue à leur égard qu'elle ne l'est vis-à-vis des enfants légitimes. Le père ou la mère d'un enfant naturel n'est point obligé, même moralement à mon avis, de faire élever son enfant naturel d'une manière conforme à son rang et à sa position personnelle. Et même la pensée de la loi, ce me semble, est qu'il doit exister une certaine distance entre les enfants d'un mariage légitime et les fruits d'un commerce illicite : cela peut s'induire des articles 756, 757 et 764, C. civ.

2° Ainsi donc, d'une façon certaine, l'obligation de nourrir, d'entretenir et d'élever leurs enfants, pèse sur les père et mère naturels comme sur les père et mère légitimes. Il en est de même, et pour les mêmes raisons, de l'obligation de leur fournir des aliments, lors, bien entendu, que la filiation de ces enfants est légalement établie, soit par une reconnaissance, soit par un jugement.

L'obligation alimentaire des père et mère naturels vis-à-vis de leurs enfants est, en effet, conforme à la morale, à la tradition, aux textes de loi.

A. Il n'est pas besoin de prouver qu'elle s'accorde avec la morale ; tout le monde comprend que c'est un devoir pour celui qui a mis au monde un être, de le nourrir, quand il est dans le besoin par suite de revers ou d'infirmités : c'est la législation du cœur et de la conscience.

B. Aussi le droit canonique et notre ancien droit accordaient-ils aux enfants des aliments, du vivant de leurs père et mère naturels. Pothier nous dit, dans son *Traité du contrat de mariage*, N°° 394 et 395 : « L'obligation en laquelle sont les père et mère de nourrir leurs enfants, comprend même ceux qui sont nés d'unions illicites et de fornications. *Vice versâ*, un bâtard est obligé, même dans le for extérieur, lorsqu'il en a le moyen, de fournir à ses père et mère qui sont dans l'indigence, et hors d'état de gagner leur vie, les aliments nécessaires. »

Ainsi à l'époque de la rédaction de notre Code civil, il

était admis que les père et mère naturels devaient nourrir leurs enfants, et réciproquement (V. ci-dessus mes N°* 86, 87 et 89); on ne considérait donc pas la parenté légitime seule comme source de la dette légale d'aliments: la parenté naturelle engendrait également cette obligation. Or, quand notre Code fut rédigé, personne n'a songé à s'élever contre la pratique coutumière, tant elle était le reflet du droit naturel. Et la tradition peut être invoquée par nous avec d'autant plus de force que notre ancien droit traitait moins bien les enfants naturels que notre loi actuelle. Ainsi, c'était autrefois, en France, une règle constante que « *enfants bastards ne succèdent.* » (Art. 310 de la cout. d'Orléans). Cette règle était celle de presque toutes les coutumes, à l'exception pourtant de quelques-unes qui se *singularisaient*, dit Lebrun, par la *succession des bâtards*, en les admettant à la succession de leur mère et même de leurs parents maternels, comme autrefois dans le premier état du droit romain. Mais, à part ces exceptions, qui paraissaient si exorbitantes, que l'application en était même contestée jusque dans le ressort des coutumes où elles existaient, le droit commun de la France était que « *Les bastards ne succèdent pas plus à leur mère et à leurs parents maternels qu'à leur père.* » (Pothier, *des successions*, chap. i, sect. ii, § 3). Les enfants naturels ne pouvaient pas davantage recevoir de leurs parents naturels un legs ou une donation. Or, aujourd'hui, les enfants naturels peuvent recevoir les biens de leurs père et mère dans une certaine mesure, par succession, donation ou legs (art. 756-769 et 908, C. civ.)

C. S'il n'y a point de texte formel, édictant expressément l'obligation alimentaire des père et mère naturels vis-à-vis de leurs enfants naturel, s'il y a des dispositions non équivoques, dont on peut l'induire d'une façon certaine. C'est d'abord l'art. 762 qui reconnaît positivement le droit des enfants adultérins ou incestueux à des aliments, ce qui implique par *à fortiori* celui des enfants naturels simples. De plus, la loi attribue aux enfants naturels des droits successoraux sur les biens de leurs père et mère (art. 757, C. civ.) ; comment donc leur refuserait-elle une action en aliments contre les père et mère qui les ont reconnus ? L'article 764 lève, d'ailleurs, tout doute ; il porte, en effet : « Lorsque le père ou la mère de l'enfant adultérin ou incestueux lui auront fait apprendre un art mécanique, ou lorsque l'un d'eux lui aura assuré des aliments de son vivant, l'enfant ne pourra élever aucune réclamation contre leur succession. » Cet article parle d'aliments fournis aux enfants incestueux ou adultérins du vivant de leurs père et mère ; donc encore à *fortiori*, le droit aux aliments doit appartenir aux enfants naturels simples. Du reste, les auteurs sont unanimes sur ce point (V. MM. Merlin, Rép. V° *aliments*, Delvincourt, t. I, note 3 de la p. 87 ; Duranton, t. II, N° 377 ; Vazeille, t. II, N° 499 ; Aubry et Rau, t. VI, § 571, 4° édit. ; Demolombe, *Traité du mariage*, t. II, N° 17 ; Dalloz, J. G. *Paternité et filiation*, N° 665 et 565).

Toutefois, de cette sorte d'infériorité juridique que la loi crée à l'enfant naturel par rapport à l'enfant légitime (arg. art. 750-701, C. civ.) je crois pouvoir conclure que l'obligation alimentaire, de même que le devoir d'éducation, est moins étendue à l'égard des enfants naturels qu'à l'égard des enfants légitimes.

130. — Merlin, Rép. t. X, V° *Puissance paternelle*, sect III, § 2, N° 1, a soutenu l'existence de l'obligation

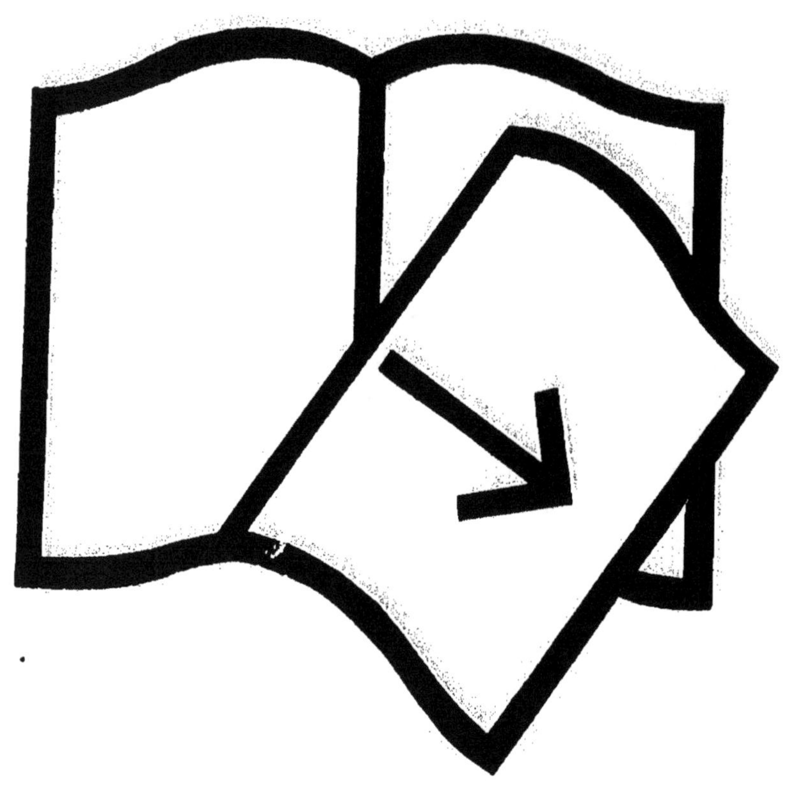

Documents manquants (pages, cahiers...)
NF Z 43-120-13

alimentaire entre les enfants naturels et les ascendants de leurs père et mère naturels. Mais l'opinion contraire, actuellement accréditée, me paraît beaucoup plus conforme aux textes et aux principes. En effet, les enfants naturels ne se rattachent par aucun lien de parenté à la famille de leurs père et mère (arg. de l'art. 756). Il ne serait pas juste, d'ailleurs, que les ascendants fussent obligés de supporter les conséquences de l'inconduite de leur fils ; ce serait même, ainsi qu'on le faisait déjà remarquer dans notre ancien droit, autoriser la débauche. Ainsi, l'enfant naturel, qui est civilement étranger aux parents de ses père et mère naturels, n'a aucun droit alimentaire, même quand le père naturel qui l'a reconnu est décédé, contre les ascendants de ce dernier, même sur leur superflu. (V. ci-dessus mon N° 88; nouveau Denizart, V° *aliments*, N° 17; Duranton, t. II, N° 370; Demolombe, *Traité du mariage*, t. II, N° 20.)

131. — Le devoir d'éducation ainsi que l'obligation alimentaire envers les enfants naturels, étant subordonnés à la reconnaissance de ces enfants, il est indispensable d'entrer à cet égard dans quelques explications. Or, d'après l'article 334 du Code civil, « la reconnaissance d'un enfant naturel sera faite par un acte authentique, lorsqu'elle ne l'aura pas été dans son acte de naissance. » La loi a sagement exigé un acte authentique pour la reconnaissance volontaire, postérieurement à la naissance : l'authencité de l'acte est une garantie que le père ou la mère qui reconnait l'enfant comme issu de ses œuvres, exprime une volonté réfléchie, et qu'il n'a pas été entraîné à faire cette reconnaissance par captation ou par surprise.

à tous les degrés de la ligne ascendante. Elle a été modifiée, mais uniquement afin de prévenir l'équivoque qu'aurait pu faire naître le mot *alliés*. On craignait que la généralité de cette expression ne parût comprendre aussi le *parâtre* et la *marâtre*. C'est pour ce motif que la rédaction primitive fut changée, mais non pas pour restreindre aux beau-père et belle-mère l'obligation alimentaire produite par l'alliance.

Et il semble bien que le mariage, en associant la destinée des époux, doive aussi les associer aux mêmes biens et aux mêmes devoirs. De plus, je dois faire une remarque que signale M. Demolombe, *Traité du mariage*, t. II, N° 25, c'est que l'obligation alimentaire imposée au gendre ou à la belle-fille suppose que le mariage lui-même dure encore, ou du moins qu'il en existe des enfants; or est-il possible d'admettre que l'aïeul étant dans le besoin, et ses petits-enfants ne pouvant pas le secourir, le père ou la mère de ces enfants puisse le laisser manquer de pain? Je crois donc qu'il faut faire prévaloir l'esprit sur la lettre de l'article 206, et donner à ses termes un sens large, conforme, ainsi que je viens de le montrer, à la pensée du législateur. (En ce sens, MM. Demolombe, *loc. cit.*; Delvincourt, t. I, p. 87, note 7; Vazeille, t. II, N° 495; Duranton, t. II, N° 206; Massé et Vergé, t. I, p. 221.)

144. — Aux termes de l'article 206 du Code civil, l'obligation alimentaire des gendres et belles-filles vis-à-vis de leurs beaux-pères et belles-mères, cesse dans deux cas: 1° Lorsque la belle-mère a convolé en secondes noces; 2° lorsque celui des époux qui produisait l'affinité, et les enfants issus de son union avec l'autre époux, sont décédés. Examinons séparément ces deux cas.

145. — L'article 206 indique seulement comme faisant cesser l'obligation alimentaire résultant de l'alliance, le convol de la belle-mère; il ne parle pas de celui du beau-père. Cette distinction a sa raison d'être, car le convol de l'homme et celui de la femme ont des résultats bien différents. En effet, la belle-mère qui convole en secondes noces, cesse de s'appartenir; elle entre sous la puissance d'un nouveau mari entre les mains duquel devrait être versée, si elle continuait d'exister, la pension alimentaire. Or, rien ne prouve que cette somme ne serait pas employée à un tout autre but qu'au profit de la femme, ou même dissipée par le mari. Au contraire, le beau-père qui se remarie, ne se place point sous une dépendance étrangère; il est toujours le maître de ses actions, et conserve la libre gestion de ce qu'il possède. C'est donc lui qui recevra directement la pension alimentaire, et qui pourra, par conséquent, la faire servir à son véritable but, en l'employant à subvenir à ses besoins.

C'est le même motif qui, dans une autre matière, a inspiré au législateur une disposition analogue. L'art. 386 du Code civil dispose, en effet, que l'usufruit légal des père et mère sur les biens de leurs enfants mineurs de dix-huit ans, cessera de plein droit à l'égard de la mère dans le cas où elle contracterait un second mariage. Le père, au contraire, conserve ses droits dans le même cas. C'est qu'ici encore, comme en matière d'obligation alimentaire, la différence de situations du mari et de la femme en cas de convol, commandait des dispositions différentes. (MM. Demolombe, *Traité du mariage*, t. ii, N° 27; Marcadé, sur l'art. 207, N° 2.)

La loi prévoit expressément le cas où la belle-mère convole en secondes noces; mais elle ne parle pas du second mariage de la belle-fille ; que faut-il donc décider, en cas de convol de la bru ? Le silence de la loi semble indiquer qu'il ne faut pas attacher au convol de la bru, la même déchéance qu'à celui de la belle-mère ; et à l'appui de cette idée, se présente une considération : c'est que si la bru qui se remarie fait aussi parfois du tort à ses enfants, elle est souvent plus pardonnable que la belle-mère, par cela même qu'elle est plus jeune.

Je n'en décide pas moins que la bru qui vient à se remarier, eût-elle des enfants de son premier mariage, ne peut plus demander d'aliments aux père et mère de son premier mari. C'est l'esprit même de la loi qui me dicte cette solution ; en effet, la situation de la belle-fille qui se remarie, est semblable à celle de la mère ; or, les raisons étant les mêmes dans les deux cas doivent conduire à une même décision. C'est donc là une omission qu'il faut suppléer dans le texte de l'article 206. (MM. Demolombe, *Traité du mariage*, t. II, N° 28 ; Massé et Vergé, t. I, p. 221 ; Marcadé, t. II, art. 207, N° 2, Coffinières, *Encyclop*, V° *aliments*, N° 47).

140. — La belle-mère, par suite de son second mariage, perd son droit alimentaire (art. 206) ; mais en perdant sa créance d'aliments, se trouve-t-elle, par cela même, affranchie de l'obligation d'en fournir aux alliés dont elle s'est séparée ? En d'autres termes, le gendre, la bru conservent-ils le droit de demander des aliments à leur belle-mère remariée ?

Les partisans de l'affirmative invoquent à l'appui de leur système, le texte de la loi et les principes : 1° L'article 207, disent-ils, en déclarant que les obligations des article 205 et 206 sont réciproques, ne dit point que la réciprocité doit avoir lieu dans le cas où elles cessent ; donc récipro-

cité dans les *obligations*; point de réciprocité dans *les cas de cessation* de ces mêmes obligations.

2° Les principes s'opposent à ce que cette déchéance atteigne le gendre et la bru qui ne doivent pas être privés de leurs droits par un fait qui leur est étranger. La réciprocité est de la nature, mais non point de l'essence de l'obligation alimentaire; et l'on comprend que sans cesser à l'égard du gendre et de la bru, l'obligation alimentaire cesse vis-à-vis de la belle-mère qui convole, puisque celle-ci trouve dans sa nouvelle famille tout ce qui est nécessaire à ses besoins. On voit d'ailleurs quelquefois, un droit d'abord réciproque, perdu pour l'un et conservé pour l'autre: art. 299, 300, 1518, C. Civ. (En ce sens, Duranton, t. ii, N° 420; Marcadé, art. 204-207, N° 1, Duvergier sur Toullier, t. ii, N° 614, note A.)

Je ne crois point cette interprétation exacte, et j'adopte la négative qui me paraît l'expression fidèle de la loi.

1° Que fait l'article 206? Deux choses: il crée l'obligation alimentaire pour les gendres et belles-filles; puis il détermine deux cas dans lesquels cette obligation vient à cesser. Or. que vient faire ensuite l'article 207? Il vient placer le beau-père et la belle-mère vis-à-vis de leurs gendres et belles-filles dans une position réciproquement égale; c'est-à-dire que le beau-père et la belle-mère devront des aliments à leurs gendres et belles-filles dans les cas précisément où ceux-ci leur en doivent eux-mêmes; et, par voie de conséquence de cette première proposition, l'article 207 dispose implicitement que dans les cas exceptionnels où l'obligation des gendres et belles-filles cessera, celle des beau-père et belle-mère cessera également.

On objecte que l'article 207 n'étend la réciprocité qu'aux obligations. Soit ; mais encore, pour qu'une obligation ait le caractère de réciprocité, faut-il qu'elle existe ; or, précisément je nie que dans l'article 206, il y ait une obligation des gendres et belles-filles vis-à-vis de la belle-mère remariée ; mais c'est la loi même qui dit en propres termes que dans ce cas, il n'y a pas d'obligation. Comment donc peut-on vouloir appliquer la réciprocité à une obligation inexistante !

Le doute dans la question qui nous occupe vient de ce que la loi, dans un but de concision, vise en bloc dans l'article 207, les dispositions des articles 205 et 206. Or, disposons le texte grammaticalement, et comme aurait fait le legislateur, s'il n'avait usé de concision dans les dispositions des articles 205, 206 et 207.

Art. 205. Les enfants doivent des aliments à leurs père et mère et autres ascendants qui sont dans le besoin ; art. 207 : réciproquement, les père et mère....

Art. 206. Les gendres et belles-filles doivent également et dans les mêmes circonstances, des aliments à leurs beau-père et belle-mère..., art. 207 : réciproquement, les beau-père et belle-mère doivent des alimente à leurs gendres et belles-filles. Mais cette obligation cesse : 1° Lorsque la belle-mère a convolé en secondes noces....

Il est certain que les textes disposés de cette façon ne laissent aucun doute sur la solution de la question qui nous occupe, et font cesser *ex utrâque parte* la dette alimentaire en cas de convol de la belle-mère ; or, cette disposition est celle qu'indique l'analyse logique la plus scrupuleuse des articles 205-207.

2° D'ailleurs, si l'argument du système contraire, qui n'applique la réciprocité qu'aux *obligations*, était fondé, il devrait s'appliquer aussi bien au 2° qu'au 1° de l'art. 206. Or, tout le monde reconnaît que l'obligation alimentaire cesse *ex utrâque parte*, lorsque l'époux qui produisait l'affinité est mort sans laisser d'enfants ; donc il doit en être de même au cas de second mariage de la belle-mère.

On refuse d'admettre cette conclusion, parce que, dit-on, il y a, dans ce dernier cas, un fait personnel de la part de la belle-mère ; mais à cela je réponds que la loi ne distinguant pas, on ne pourrait, s'il était vrai que l'art. 207 n'établit la réciprocité que *pour les obligations*, et non *pour les cas où elles cessent*, distinguer entre les deux cas où l'obligation alimentaire vient à cesser d'après l'art. 206 : *Ubi lex non distinguit, nec nos distinguere debemus ;*

3° Et puis, quel est le motif qui fait cesser l'obligation alimentaire des gendres et belles-filles en cas de convol de la belle-mère ? C'est que la belle-mère s'absorbe dans sa nouvelle famille, et y trouve ce qui lui est nécessaire pour ses besoins ; mais il y a aussi cet autre motif, que ce nouveau mariage a relâché l'alliance, que le lien de l'affinité, s'il n'est pas rompu, est du moins très-affaibli ; or, cet effet est réciproque. Sans doute, le convol du beau-père n'éteint pas l'obligation alimentaire à son égard ; mais, ainsi que je l'ai dit, cela tient à ce que le beau-père s'absorbe moins dans sa nouvelle famille. Au reste, le mariage de la belle-mère n'est point un motif de la traiter comme une sorte de coupable, et de la déclarer toujours grevée de l'obligation alimentaire, lorsqu'on lui enlève le droit corrélatif. Je crois, en effet, avec M. Demolombe (*Traité du mariage*, t. II, N° 20), que la réciprocité, si elle n'est pas essentielle à l'obligation alimentaire, ne doit être néanmoins que très-rarement et très-difficilement méconnue ;

4° De plus, le système contraire mène à des conséquences tout-à-fait injustes. Ainsi, supposons que la
mère remariée soit devenue veuve : la dissolution de ce
second mariage ne ferait point renaître pour elle le droit
qu'elle a perdu par son convol ; et, d'autre part, elle
serait toujours tenue de l'obligation alimentaire envers
son gendre et sa belle-fille, alors qu'il n'y aurait plus
aucun motif à cette inégalité : une pareille conséquence
est contraire à la logique, contraire à l'équité, et doit
suffire pour f... e écarter la doctrine dont elle découle
(comp. Delvincourt, t. 1, p. 37, note 10; Coffinières,
Encyclop. V° *Aliments*, N° 46; Massé et Vergé, sur
Zachariæ, t. 1, p, 221; Demante, t. 1, N° 289 *bis*, 11).

Remarquons, d'ailleurs, que la mère ne perd point par
son convol, le droit d'exiger des aliments de ses enfants, et
vice versâ. En effet, d'après l'art. 206, l'obligation de
fournir des aliments ne cesse que vis-à-vis de la belle-
mère qui a convolé en secondes noces.

147. — Quant à la question de savoir si la belle-fille
qui, ayant convolé en secondes noces, n'a plus le droit
de demander des aliments aux père et mère de son
premier mari (V. mon N° 145), peut néanmoins être
obligée de leur en fournir, elle doit être résolue de la
même manière que pour la belle-mère. Par conséquent,
je déclare que l'obligation alimentaire cesse, dans ce
cas, d'une façon absolue, et que si la bru perd en se
remariant son droit aux aliments, d'autre part elle n'est
plus tenue de l'obligation alimentaire vis-à-vis de ses
beau-père et belle-mère.

148. — Outre le cas de convol de la belle-mère et de
la bru, l'obligation alimentaire résultant de l'alliance
cesse encore *ex utrâque parte*, lorsque celui des époux

qui produisait l'affinité, et les enfants issus de son union avec l'autre époux sont décédés.

Ici, pas de difficulté : tout le monde reconnaît que l'obligation est éteinte d'une façon absolue. L'alliance n'est pas détruite, sans doute (Cass., 4 Nov. 1868, S. 1869, 1, 18); mais elle est beaucoup trop affaiblie pour pouvoir désormais produire l'obligation alimentaire.

Que décider, dans le cas où un mari meurt sans enfants, mais laissant sa femme enceinte? cette femme peut-elle demander des aliments à son beau-père et à sa belle-mère? Oui, certainement : *Infans enim conceptus pro nato habetur, quoties de commodis ejus agitur* (Arg. des art. 393, 725 et 906, C. Civ.) La vie de l'enfant est trop intimement unie à celle de la mère pour qu'on puisse refuser des aliments à celle-ci, sous prétexte qu'il ne s'agit pas de l'intérêt de l'enfant, mais de celui de la belle-fille (Comp. Trib. civ. de Marseille, 12 Déc. 1862, S. 1863, 2. 140).

SECTION VII.

149. — *La donation entre-vifs* est aussi une des sources de l'obligation alimentaire. En effet, tout donataire, par le fait même de l'acceptation de la donation, contracte l'obligation de se montrer reconnaissant envers son bienfaiteur. Or, ce serait oublier ce devoir envers lui que de lui refuser des secours alimentaires, s'il vient à en avoir besoin. Aussi l'article 955 du Code civil, qui donne une sanction à cette dette de reconnaissance, mentionne-t-il expressément au nombre des cas d'ingratitude permettant de demander la révocation de la donation, le refus d'aliments.

Il faut noter une particularité de cette obligation

alimentaire: c'est qu'elle est unilatérale. Elle existe du donataire vis-à-vis du donateur, mais la réciproque n'a point lieu, et cela se conçoit très-bien. En effet, il n'y a ici ni parenté ni alliance, et la base du devoir alimentaire du donataire envers son bienfaiteur, c'est un lien de reconnaissance; or ce motif n'existe point pour le donateur, et celui-ci, après avoir, sans y être obligé en aucune façon, donné une partie de sa fortune à une personne, ne saurait, par ce fait même, s'obliger encore à la secourir plus tard.

150. — Je viens de dire que l'article 955, 3°, sanctionnait par un droit de révocation de la donation entre-vifs le refus d'aliments de la part du donataire; mais il faut remarquer que ce refus ne peut, en général, motiver une demande en révocation, lorsque le donateur a des parents ou alliés auxquels il est en droit de réclamer des aliments, et qui sont en état de lui en fournir (Vazeille, sur l'art. 955, N° 6; Coin-Delisle, sur l'art. 955, N° 14).

M. Duranton ne partage pas cette manière de voir, et l'opinion émise par cet auteur, suppose que l'obligation alimentaire pèse en premier lieu sur le donataire, et que toute donation dispense, du moins jusqu'à épuisement des biens donnés, les parents ou alliés du donateur, de l'obligation de leur fournir des aliments.

Mais ce système ne tend à rien moins qu'à renverser le principe de l'irrévocabilité des donations. En effet, autoriser le donateur à réclamer des aliments au donataire sans s'adresser d'abord à ses parents ou alliés en état de lui en fournir, ce serait mettre entre les mains du donateur dont les dispositions à l'égard du donataire auraient changé, les moyens de revenir contre sa libéralité. Ce n'est qu'autant que le donateur se trouve dans l'impossibilité de se procurer des aliments par une autre voie, qu'il doit lui être permis d'en demander au donataire. Du reste, il peut se présenter des circonstances où, malgré l'existence de proches parents ou alliés du donateur, le donataire se rendrait coupable d'ingratitude en lui refusant des aliments et où, par conséquent, la révocation de la donation devrait être prononcée. C'est ce qui aurait lieu, par exemple, dans le cas où le donateur ayant été, par suite de quelque événement imprévu, subitement privé de tous moyens d'existence, le donataire aurait refusé de le secourir provisoirement, et jusqu'au moment où il lui eût été possible d'obtenir des aliments de ses parents ou alliés.

Faisons une dernière remarque : la donation entre vifs, je viens de l'établir, engendre l'obligation alimentaire du donataire vis-à-vis de son bienfaiteur. *Quid*, de la libéralité testamentaire ? est-elle aussi une source d'obligation alimentaire pour le bénéficiaire ? En aucune façon ; en effet, du vivant du testateur, il n'y a encore ni donateur, ni donataire ; partant, pas d'obligation alimentaire ; à sa mort, la dette alimentaire cesse d'être possible, précisément au moment où elle eût pu prendre naissance. Aussi l'article 1046 du Code civil exclut-il des causes de révocation des donations testamentaires, le refus d'aliments, admis comme cause de révocation, en matière de donations entre-vifs.

SECTION VIII.

151. — La tutelle officieuse est un contrat de bienfaisance par lequel une personne se charge d'élever gratuitement un enfant et de le mettre en état de gagner sa vie. Cette institution peu usitée dans la pratique, et qui

est, comme on l'a dit, un objet de luxe, en quelque sorte, dans notre Code, est un préparatoire à l'adoption, un acheminement vers l'adoption.

Le devoir alimentaire qu'engendre la tutelle officieuse, n'est point une obligation alimentaire proprement dite, c'est-à-dire possédant les caractères ordinaires de la dette légale d'aliments; c'est plutôt un devoir d'éducation en sous-ordre, si je puis m'exprimer ainsi. Le tuteur officieux, en effet, se substitue aux parents de l'enfant pour remplir auprès de lui les devoirs qui incombent aux père et mère; et il doit y être tenu strictement, puisqu'il les a promis de son plein gré, et sous la seule influence de sa générosité.

« La tutelle officieuse, dit l'article 364, emportera avec elle, sans préjudice de toutes stipulations particulières, l'obligation de nourrir le pupille, de l'élever, de le mettre en état de gagner sa vie. » C'est bien là le *devoir d'éducation* de l'article 203, et l'on voit toute la différence qui sépare la tutelle ordinaire de la tutelle officieuse.

Et il en est ainsi, alors même que le pupille a des biens propres; l'article 365 porte, en effet : « Si le pupille a quelque bien, et s'il était antérieurement en tutelle, l'administration de ses biens, comme celle de sa personne, passera au tuteur officieux, qui ne pourra néanmoins imputer les dépenses de l'éducation sur les revenus du pupille. » Enfin, ajoute l'article 367, « Dans le cas où le tuteur officieux mourrait soit avant les cinq ans (depuis le commencement de la tutelle), soit après ce temps, sans avoir adopté son pupille, il sera fourni à celui-ci, durant sa minorité, des moyens de subsister, dont la quotité et l'espèce, s'il n'y a été antérieurement pourvu par une convention formelle, seront réglées soit amiablement entre les représentants respectifs du tuteur et du pupille, soit judiciairement en cas de contestation. »

152. — L'obligation alimentaire dérivant de la tutelle officieuse, et que consacre l'article 364 du Code, n'a donc point le caractère de réciprocité de l'obligation alimentaire légal (art. 207); elle n'existe qu'à la charge du tuteur officieux vis-à-vis de l'enfant mineur. Elle n'est point subordonnée ni proportionnée aux besoins de l'enfant (art. 365 et 367); elle n'est pas non plus personnelle, puisqu'elle passe aux héritiers et successeurs du tuteur officieux (art. 367); elle ne s'éteint même pas, dans le cas où le tuteur officieux aurait fait à son pupille un legs plus ou moins considérable (arg. de l'art. 1023). J'en conclus que l'obligation imposée au tuteur officieux est un *devoir d'éducation sui generis*, une dette alimentaire tout-à-fait spéciale, puisqu'elle diffère par ses caractères de la véritable dette alimentaire. Si j'ai mentionné la tutelle officieuse comme une source de l'obligation alimentaire, c'est qu'elle engendre un devoir d'éducation qui contient, avec d'autres obligations, notamment la dette alimentaire dans de certaines conditions, et que je ne pouvais l'omettre sans être incomplet.

SECTION IX.

153. — Dans cet ordre d'idées, je dois également indiquer la jouissance légale des père et mère comme engendrant une obligation alimentaire *sui generis*. L'article 385, en effet, parmi les charges qu'impose aux père et mère l'usufruit légal des biens de leurs enfants, cite la nourriture, l'entretien et l'éducation de ces mêmes enfants, selon leur fortune.

151. — Il s'agit donc d'une obligation alimentaire, et, à ce titre, je devais la mentionner; mais ici encore ce n'est pas la véritable obligation alimentaire des articles 205-211; et, sans énumérer toutes les différences entre ces deux obligations, je me borne à faire remarquer que la dette alimentaire proprement dite, et prévue par ces articles, n'existe point ordinairement envers un enfant mineur, puisque le devoir d'éducation satisfait pleinement alors à tous ses besoins. L'obligation de l'art. 385, au contraire, ne peut exister précisément que pendant la minorité de l'enfant, et jusqu'à l'âge de dix-huit ans seulement; aussi n'est-elle point réciproque comme la première.

155. — Mais, dira-t-on, si cette obligation diffère de la dette alimentaire ordinaire, elle se confond avec le *devoir d'éducation* de l'article 203. — Pas davantage; et il existe entre les obligations dérivant des articles 203 et 385, des différences que je dois signaler : 1° L'article 203 oblige les père et mère à nourrir, entretenir et élever leurs enfants, quand même ces derniers ne possèdent aucun bien; le devoir de l'article 385 ne s'élève que lorsque l'enfant a une fortune personnelle; 2° En ce qui concerne l'acquittement de la première obligation, la loi s'en rapporte à l'affection et la bonne volonté des parents; dans le cas de l'article 385, au contraire, c'est d'après la fortune de l'enfant, d'après l'importance des biens sur lesquels porte la jouissance légale, et non pas seulement d'après la position sociale du père que les frais d'éducation doivent être calculés; et si le père avait manqué à ce devoir, l'enfant pourrait, selon les circonstances, lors de sa majorité, se faire restituer à titre d'indemnité, une partie des revenus indûment gardés par le père; 3° Le *devoir d'édu-*

cation de l'art. 203, qui s'exécute sur les biens des parents, cesse par cela seul que l'enfant a des biens personnels, suffisants pour faire face à ses besoins ; tandis que l'obligation de l'article 385, s'exécutant sur les biens de l'enfant commence alors précisément. Les devoirs dérivant de ces deux articles peuvent même exister concurremment : cela arrive quand les revenus des biens de l'enfant ne suffisent pas pour son entretien ; les père et mère doivent alors fournir le surplus sans répétition.

156. — Je dois faire remarquer, en terminant ce chapitre, que l'obligation alimentaire n'existe point entre frères et sœurs. Un frère, si riche qu'il soit, n'est point tenu légalement de secourir son frère dans le besoin, et peut le laisser sous la protection de la charité publique. Cependant le droit naturel nous dit qu'il y a ici une obligation morale. Notre Code a-t-il été trop avare d'emprunts au droit naturel ? aurait-il dû grossir la liste des créanciers et des débiteurs alimentaires ? c'est là une question de législation très-délicate. Il faut, en effet, considérer que si, au point de vue de la morale, de proches parents, comme des frères et sœurs, se doivent des secours, c'est une chose très-grave que de faire peser sur un parent une obligation civile, dont on peut obtenir judiciairement l'exécution en justice. On ne peut nier, dit M. Demolombe, que cette obligation morale, si respectable qu'elle soit, ne soit quelque chose d'exorbitant, lorsqu'elle devient positive et juridique.

157. — Je viens d'examiner les sources d'où la loi fait découler l'obligation alimentaire, et j'ai montré ainsi quelles sont les personnes entre lesquelles cette obligation existe. Une personne étant donnée, nous connaissons celles qui seraient tenues de lui fournir des aliments, en

les supposant, toutefois, capables de payer la dette. Mais cela ne suffit pas. Nous avons à nous demander maintenant si ces personnes sont toutes tenues indistinctement et au même chef, ou si elles ne le sont que successivement à défaut les unes des autres. En un mot, le créancier alimentaire a-t-il ou non un certain ordre à observer entre ses débiteurs alimentaires et dans le cas de l'affirmative, quel est cet ordre ? Telle est la question que nous allons examiner dans le chapitre suivant.

CHAPITRE II.

158. — Le Code civil n'a pas déterminé l'ordre dans lequel les différentes personnes, auxquelles il impose l'obligation alimentaire, devraient être tenues de l'acquitter. Est-ce à dire qu'elles soient toutes obligées concurremment ? Je ne le crois pas, et je pense, au contraire, qu'il existe entre elles une certaine gradation, de telle sorte que les unes ne sont tenues qu'à défaut des autres.

Cette opinion est confirmée par la tradition de l'ancien droit, les principes de la matière ; et elle est certainement conforme aussi à l'intention du législateur. L'ancien droit ne laissait point peser l'obligation alimentaire sur tous les débiteurs concurremment, mais établissait des degrés entre eux (Pothier, N°s 387 et 393 ; Nouveau Denizart, t. I, V° *aliments*, § 4, N° 2). D'ailleurs, la raison et l'équité veulent qu'il en soit ainsi. En effet, comme le fait remarquer M. Demolombe (*Traité du mariage*, t. II, N° 32), la dette d'aliments est fondée sur deux causes: d'abord, et avant tout, sur des devoirs d'affection et d'assistance ; et puis, à certains égards, sur la maxime: *Ubi emolumentum, ibi onus.* La loi civile qui appelle les descendants et les ascendants à se succéder les uns aux autres, a pu justement, par une sorte de compensation, consacrer aussi entre eux cette obligation réciproque. Or, d'une part, plus les personnes sont rapprochées par la parenté, plus l'obligation alimentaire en soi est étroite et rigoureuse ; d'autre part, il convient que cette obligation soit, autant que possible, graduée selon la vocation héréditaire. Donc il était logique et équitable de ne pas soumettre concurremment à cette obligation tous les débiteurs, et il convenait d'établir entre eux une gradation, un ordre successif. Remarquons, d'ailleurs, que le système contraire serait tout à fait injuste, puisque le caprice du créancier alimentaire ferait la loi. Les motifs sur lesquels je viens de baser la nécessité de cette ordre, indiquent également, quel doit être cet ordre.

Je dois placer ici une observation importante : c'est qu'il ne faut considérer effectivement comme tenus de l'obligation alimentaire, que ceux qui sont en état de l'acquitter. La dette n'existe qu'à la charge de ceux qui peuvent secourir l'indigence de leur parent ou allié, et dans la mesure de leurs moyens (art. 208 et 209, C. civ.). Si donc, parmi les débiteurs, il s'en trouvait un dont les biens fussent d'une discussion difficile, il pourrait même être, vis-à-vis du demandeur en aliments, considéré comme n'étant pas en état de lui en fournir, sauf le recours du parent ou de l'allié qui serait condamné à la pension alimentaire, contre celui qui en était débiteur avant lui, et dont la fortune embarrassée a fait passer la condamnation à la charge d'un autre. (M. Demolombe, *Traité du mariage*, t. II, N°s 32 et 33.)

Mais est-il nécessaire que l'impossibilité ou la difficulté sérieuse de fournir des aliments ait été constatée par jugement ? Je ne le crois pas, car ce serait forcer les parties indigentes à des lenteurs et des frais inutiles, et je ne vois point dans l'esprit de la loi, la nécessité de cette discussion préalable. Je pense donc que l'assignation pourrait être donnée directement aux parents plus éloignés, sauf au demandeur à justifier devant le tribunal, par les voies ordinaires, de l'indigence des plus proches. Il n'y a, ce me semble, dans cette manière de procéder, rien de contraire à la loi. (V. Dalloz, J. G. *Mariage*, N° 647.)

159. — La personne tenue en première ligne, et avant tous les autres débiteurs, de fournir des aliments à celui qui est dans le besoin, c'est le conjoint de ce dernier. Ce n'est qu'autant que ce conjoint serait hors d'état d'en fournir, que les autres parents ou alliés pourraient y être obligés. Les époux, en effet, ne forment, en quelque sorte, qu'une seule personne, et le lien qui les unit est plus étroit que tout autre lien de parenté. Aussi, n'est-il guère besoin de démontrer la priorité de cette obligation sur toutes les autres obligations alimentaires (*Nouveau Denizart*, t. 1, V° *Aliments*, § 5, N° 5; comp. Rouen, 2 Mai 1857, 1858, 1, 377.) « L'obligation alimentaire dont les époux sont tenus l'un envers l'autre, disent MM. Aubry et Rau, t. v, p. 131, 4° *édit.*, prime, même après la séparation de corps, celle à laquelle les enfants sont soumis envers leurs parents. (M. Demolombe, *Traité du mariage*, t. 11, N° 34).

160. — Après avoir placé le conjoint au premier rang des débiteurs alimentaires, je range ceux-ci en deux grandes classes : 1° les parents, 2° les alliés.

Les parents sont, à défaut du conjoint, tenus en première ligne ; les alliés ne viennent qu'après eux. C'est qu'en effet la parenté impose des devoirs plus impérieux que l'alliance. Et puis, les parents ont des droits héréditaires, tandis que les alliés n'en ont pas. Enfin, le Code civil témoigne de la volonté du législateur à cet égard, et marque lui-même la gradation, en proclamant l'obligation des parents, avant de parler de celle des alliés.

Ainsi, par exemple, lorsque les enfants de l'époux qui produisait l'affinité, sont en état de fournir des aliments à l'époux survivant, s'il se trouve dans le besoin, celui-ci ne peut en demander à son beau-père et à sa belle-mère, car le lien qui unit le père et la mère aux enfants est plus étroit que celui qui unit le gendre et la belle-fille à leurs beau-père et belle-mère. Réciproquement, et par une raison semblable, le beau-père et la belle-mère n'auraient d'action contre leur gendre et leur belle-fille qu'autant que les enfants issus du mariage de ces derniers, seraient hors d'état d'acquitter la dette alimentaire (art. 205 et 206 ; Marcadé, sur l'art. 207, N° 3 ; Demolombe, *Traité du mariage*, t. II, N° 35 ; en sens contraire, Cass. Req., 17 mars 1856, D. P. 56. 1. 251).

161. — Parmi les parents, les descendants sont les premiers tenus de la dette alimentaire ; subsidiairement seulement, les ascendants.

C'est qu'en effet, si l'obligation naturelle est dans les deux cas, à peu près la même, les descendants succèdent de préférence aux ascendants (art. 745), et que c'est ici le cas d'appliquer la règle : *Ubi emolumentum, ibi onus.* Et il est à remarquer que la loi mentionne d'abord l'obligation des enfants, c'est-à-dire des descendants ; que même elle ne parle pas en termes exprès de celle des ascendants, et que celle-ci ne résulte que de la règle générale de réciprocité consacrée par l'article 207 (MM. Demolombe, *ibid.* ; Marcadé, *ibid.*)

102. — Parmi les alliés, ceux de la ligne descendante, viennent avant ceux de la ligne ascendante, bien que les uns n'aient pas plus que les autres, de droits de succession.

La raison de cette gradation est que le devoir moral est plus étroit de la part des personnes dont l'existence est intimement unie à celle des enfants ou petits-enfants. D'ailleurs, l'alliance étant une image de la parenté, doit se modeler sur elle, et lui emprunter ses régles, par voie d'analogie. Or, les descendants étant tenus de l'obligation alimentaire avant les ascendants, il est rationnel que les alliés dans la ligne descendante, soient tenus avant ceux de la ligne ascendante.

103. — Ainsi, après le conjoint, nous venons de mentionner quatre catégories de débiteurs; l'obligation alimentaire pèse donc successivement sur :

1° Le conjoint,

2° Les descendants,

3° Les ascendants,

4° Les gendres, brus et autres alliés en degré inférieur de la ligne descendante.

5° Enfin, sur les beau-père, belle-mère, et autres alliés en degré supérieur.

Deux considérations : la proximité du degré, et le droit héréditaire, qui, avec l'induction tirée de l'ordre des dispositions du Code, m'ont déterminé dans le classement de ces catégories, me serviront également de *critérium* pour établir une gradation entre les personnes comprises dans chacune de ces catégories. Par exemple, si celui qui a besoin de la prestation alimentaire a un fils et un petit-fils, c'est le fils seul qui en est tenu, s'il est en état de la fournir. D'abord il est plus proche en degré; et d'un autre côté, si l'ascendant demandeur

laissait des biens, c'est lui, le fils, qui hériterait à
l'exclusion du petit-fils. Ainsi, encore un fils devait-il
s'adresser à son père avant son aïeul. (Marcadé, sur
l'art. 207, N° 3; Demolombe, *Traité du mariage*,
t. ii, N° 35).

Il doit en être de même, par raison d'analogie, entre
les alliés soit de la ligne descendante, soit de la ligne
ascendante (M. Demolombe, *ibid*).

104. — Mais il peut se trouver dans une même
catégorie, des parents à des degrés différents, et
néanmoins tous héritiers présomptifs du demandeur en
aliments : cela peut se présenter dans deux cas.

Supposons, d'abord, que l'ascendant demandeur ait un
fils, et un petit-fils issu d'un second fils prédécédé ; la dette
pèsera-t-elle sur le fils exclusivement, à raison de sa
proximité ? L'ancien droit donnait à cette question une
solution affirmative ; le nouveau Denizart, V° *Aliments*,
§ 4, N° 2, dit positivement que la représentation n'a pas
lieu à cet égard. Cette doctrine a été adoptée sous l'empire du Code civil par Toullier, t. ii, N° 613.

Je crois, quant à moi, que la doctrine contraire doit
être préférée. En effet le petit-fils ayant, dans cette hypothèse, un droit héréditaire égal à celui du fils, doit comme
ce dernier et concurremment avec lui supporter la dette
alimentaire. On peut objecter sans doute que ce droit
héréditaire ne conférera le plus souvent, aucun avantage,
et se réduira à presque rien ou rien ici, puisque l'ascendant, de la succession duquel il est question, est obligé de
recourir à ses parents pour obtenir une pension ; mais
l'objection tombe devant cette considération que c'est
plutôt la vocation héréditaire que l'on considère, que le
profit retiré de la succession. (MM. Demolombe, *Traité*

du mariage, t. ii, N° 30; Duranton, t. ii, N° 394; Vazeille, t. ii, N° 491; — dans le même sens, Amiens, 11 Déc. 1821, S. 1822. 2. 303).

165. — Soit maintenant un enfant dont la mère est décédée, mais qui a encore son père et son aïeul maternel; si cet enfant a besoin d'aliments, qui devra les fournir?

M. Toullier, t. ii, N° 613, conséquent avec l'opinion qu'il a exprimée sur la question précédente, pense que ce sera le père seul. Mais MM. Duranton, t. ii, N° 389, et Vazeille, t. ii, N° 400, ne se montrent pas aussi logiques, car après avoir décidé dans la question précédente, que le petit-fils descendant d'un fils prédécédé, est tenu concurremment avec le fils, ils déclarent ici que l'aïeul maternel n'est point tenu de la dette alimentaire vis-à-vis de son petit-fils, concurremment avec le père de ce dernier.

Pour moi, je pense que la dette alimentaire devra, comme dans le cas précédent, se diviser entre le père et l'aïeul maternel, de même que le droit héréditaire (En ce sens, MM. Demolombe, *Traité du mariage*, t. ii, N° 37; Marcadé, sur l'art. 207, N° 3).

166. — Que déciderons-nous, dans le cas où l'ascendant, qui demande des aliments, n'a point d'enfants au premier degré, mais seulement des petits-enfants? Je crois que ces petits-enfants sont tous tenus de leur chef, de la dette alimentaire. On comprend que lorsqu'il existe un fils et des petits-fils d'un fils prédécédé, ces derniers ne soient tenus que pour la part de leur auteur, puisqu'ils en sont les représentants, les remplaçants. Mais ici, la situation n'est pas la même : tous les petits-enfants, débiteurs alimentaires, sont au même degré vis-à-vis de leur aïeul, et ils sont tenus personnellement, directement

(art. 205); dès lors leur part dans la pension, en supposant toutefois, leurs fortunes égales (art. 208), doit être la même. Je sais bien qu'ils viendront à la succession de leur aïeul par souche, et non par tête ; mais si l'on peut souvent conclure du droit à la succession à l'obligation alimentaire il n'y a point entre eux corrélation parfaite, et ici notamment je pense qu'il vaut mieux déclarer les petits-enfants tenus chacun personnellement. L'obligation alimentaire est avant tout, un devoir d'affection ; or, les petits-enfants sont égaux de ce chef vis-à-vis de l'aïeul.

107. — Avant de terminer ce chapitre, je dois faire une observation à propos du classement que j'ai fait des débiteurs alimentaires, au N° 63 : c'est que dans le nombre des ascendants, sont certainement compris les parents naturels, incestueux ou adultérins. Mais, dans la classe des descendants, ne faut-il pas faire une distinction entre les enfants légitimes et les enfants naturels ? Oui, sans doute, car il ne serait pas rationnel, ce me semble, de faire venir en concours, pour le paiement de la pension alimentaire, les enfants naturels avec les enfants légitimes. Et, en effet, quel a été mon critérium pour déterminer l'ordre à suivre entre les différents débiteurs alimentaires ? La proximité du degré et le droit héréditaire. Or, si un enfant naturel se rattache à son père par les liens les plus étroits, il n'en est pas moins vrai qu'en présence d'enfants légitimes, il n'occupe que le second rang dans l'affection de son père, et se trouve vis-à-vis de celui-ci dans un degré inférieur à eux. Quant à ses droits héréditaires, ils sont bien moindres que ceux de l'enfant légitime, et la loi lui mesure avec une sorte de parcimonie son droit à la succession de son père, surtout en présence d'enfants légitimes. Il me

paraît donc conforme au droit et à l'équité, de ne le constituer débiteur alimentaire qu'après, les enfants légitimes.

Il est à peine besoin de faire remarquer que les enfants légitimés et adoptifs doivent venir au même rang que les enfants légitimes auxquels ils sont assimilés.

Quant au donataire, son obligation alimentaire, ainsi que je l'ai déjà fait remarquer (ci-dessus, N° 150) n'arrive qu'en dernier lieu, et lorsque le donateur n'a pas de parents ou alliés en état de lui fournir une pension.

En ce qui concerne le tuteur officieux, et les père et mère en tant qu'usufruitiers légaux des biens de leurs enfants, il n'y a pas lieu de leur assigner ici de rang. En effet, l'obligation alimentaire qui dérive de la tutelle officieuse et de l'usufruit légal des père et mère, est, ainsi que je l'ai exposé, une obligation *sui generis*, et non la véritable dette alimentaire légale, des articles 205 et suivants. Elle reçoit son exécution alors que la véritable obligation alimentaire n'a pas encore pu naître, et elle cesse précisément au moment où celle-ci peut commencer à paraître. Or, ce n'est qu'entre les débiteurs soumis à la dette alimentaire légale, que nous établissons une gradation.

168. — En résumé donc, voici l'ordre que je propose de suivre entre les différents débiteurs alimentaires : 1° le conjoint, 2° les descendants légitimes, légitimés et adoptifs ; 3° les ascendants ; 4° l'enfant naturel et ses descendants ; 5° les gendres, brus et autres alliés, en degré inférieur, de la ligne descendante ; 6° les beaux-pères, belles-mères, et autres alliés, en degré supérieur, de la ligne ascendante ; 7° enfin le donataire.

169. — J'ai fait connaître dans la première partie de

mon sujet, l'objet de l'obligation alimentaire, et les circonstances qui peuvent lui donner naissance ; puis j'ai recherché dans la seconde partie, les personnes tenues de cette obligation, et l'ordre à établir entre elles. La suite naturelle et logique des idées m'amène à parler de l'étendue ou quotité de la dette alimentaire, à indiquer les modes de paiement de cette dette, et à examiner si elle est susceptible de recevoir certaines garanties ou sûretés. Ce sera la matière de ma troisième partie que je diviserai en trois sections, pour plus de netteté dans l'exposition des développements.

PARTIE III.

Étendue ou quotité de la dette alimentaire ; modes de prestation ; sûretés.

SOMMAIRE :

SECTION I.

Étendue ou quotité de la dette alimentaire.

170. Deux éléments servent de base au juge pour fixer le quantum de la pension : le besoin du demandeur ; la fortune du débiteur (art. 208).

SECTION II.

Modes de prestation.

171. Deux modes d'acquittement de la dette alimentaire se présentaient au choix du législateur.

172. En principe, c'est au moyen d'une pension en argent que les aliments sont fournis à l'ayant-droit.

173. Exceptions au principe.

174. L'alternative, que l'article 211 accorde aux père et mère, soit de payer la pension en argent, soit de recevoir chez eux leur enfant, appartient-elle aussi aux aïeuls et aïeules, vis-à-vis de leurs petits-enfants ?

175. Les père et mère, qui sont dans l'impossibilité de payer la pension en argent, peuvent-ils être contraints à recevoir chez eux leur enfant ?

176. Le mode de prestation des aliments est laissé à la sagesse et à la prévoyance des magistrats.

177. Les juges pourraient-ils imposer au demandeur en aliments l'obligation d'avoir sa résidence dans un lieu déterminé, de se livrer à un certain genre d'occupation, de se rendre utile dans la maison de son débiteur alimentaire, chez qui il a été admis ?

178. En principe, la pension alimentaire commence à courir du jour de la demande.

179. Est-elle quérable ou portable ?

180. Les pensions dues *ex officio pietatis* n'arréragent pas.

SECTION III.

Sûretés.

181. Les juges pourraient-ils condamner celui qui doit la pension alimentaire, à donner des sûretés pour le paiement des arrérages ; à fournir, par exemple, une caution ou une hypothèque ? — Distinction.

182. Suite.

SECTION I.

170. — Le juge, après avoir décidé qu'il y a lieu de fournir des aliments, a encore une question à résoudre : quelle doit être la quotité de ces aliments ?

L'article 208 du Code civil donne à cet égard une règle bien précise : « Les aliments, porte-t-il, ne sont accordés que dans la proportion du besoin de celui qui les réclame, et de la fortune de celui qui les doit. » Ainsi il y a deux éléments d'appréciation pour le juge, quand il s'agit de fixer la quotité de la pension alimentaire, éléments qui doivent être rapprochés, combinés, et dont la comparaison donnera la mesure de la pension à accorder. Le montant de la pension devra donc être déterminé d'après l'âge, le sexe, l'éducation de ceux qui réclament des aliments, d'après leur position sociale, leur état de santé ou de maladie, le lieu qu'ils habitent, leur dénûment absolu ou seulement l'insuffisance de leurs ressources, la cause de leur dénûment, enfin, d'après une foule de circonstances qu'on ne saurait prévoir, et dont les tribunaux sont les juges souverains, car le besoin varie suivant ces diverses circonstances.

C'est en ce sens que s'exprimait Portalis devant le Corps législatif. Après avoir dit que les aliments comprennent tout ce qui est nécessaire à la vie, il ajoutait : « Il faut distinguer deux sortes de nécessaires : l'absolu et le relatif. L'absolu est réglé par les besoins indispensables de la vie ; le relatif, par l'état et les circonstances. Le nécessaire relatif n'est donc pas égal pour tous les hommes ; l'absolu même ne l'est pas : la vieillesse a plus de besoins que l'enfance, le mariage que le célibat, la faiblesse que la force, la maladie que la santé. »

La fortune de ceux qui doivent des aliments est relative comme les besoins de ceux qui les réclament. Il y a donc à considérer sur quels fondements elle est assise; si elle est mobilière ou immobilière; si elle ne consiste que dans le fruit d'un travail ou d'une industrie, et surtout par quelles charges elle est diminuée. L'appréciation de la fortune de celui qui doit les aliments est d'ailleurs souverainement faite par le juge de la cause. Il suffit, en l'absence d'un mode de procéder spécialement tracé par la loi, que les bases de la fixation des aliments soient indiquées, sans qu'il y ait nécessité pour le juge, d'établir par des calculs rigoureux, la fortune du débiteur de la pension alimentaire (Cass. Req. 17 juillet 1856, D. P. 56. 1, 103).

La quotité des aliments suivra donc les fluctuations de

la fortune du défendeur et du besoin du demandeur,
puisque c'est toujours par les limites du besoin actuel de
ce dernier, et des facultés actuelles du débiteur que la
pension doit être mesurée : il n'y a rien de définitif et
d'irrévocable en cette matière. Je tirerai tout-à-l'heure
les conséquences qui découlent de ce caractère de varia-
bilité de la dette alimentaire. Je dois faire observer ici
que lorsque les aliments sont demandés en vertu d'une
convention qui n'en a pas déterminé la quotité, c'est aux
tribunaux qu'il appartient de fixer cette quotité, d'après
les considérations que je viens d'exposer.

SECTION II.

171. — Deux modes d'acquittement de la dette alimentaire se présentaient au choix du législateur : la prestation en argent et la prestation en nature.

Le paiement en argent offre de nombreux avantages
pour le créancier alimentaire : il conserve, en effet, bien
qu'il soit secouru, une sorte d'indépendance; du moins, il
n'a pas à craindre d'être importun, et ne subit pas l'hu-
miliante nécessité d'aller se mettre en pension chez celui
qui doit le secourir; sa présence de chaque jour à la table
commune ne rappellera pas à ses hôtes qu'ils sont ses
obligés, à lui-même qu'il est à leur charge.

D'un autre côté, le paiement en nature est en même
temps moins onéreux et plus sûr pour le débiteur. Dans ce
cas, en effet, les dépenses sont moindres, car, suivant le
dicton populaire : « Quand, dans un ménage, il y a pour
trois, il y a bien pour quatre. » Il est certain que la présence d'une personne de plus dans une maison montée
n'apporte qu'une augmentation peu sensible aux frais du

ménage. La participation du bénéficiaire des aliments, au feu, à l'éclairage, à la nourriture et à l'habitation de la famille ne grève pas beaucoup plus le budget de la maison. Là où réunis, le créancier et ses débiteurs alimentaires pourraient vivre avec assez d'aisance, ils seraient, séparément, réduits à la misère. Ce mode de paiement est en même temps plus sûr pour le débiteur : il n'aura pas à craindre, si le créancier alimentaire est prodigue, de voir dissiper en un jour la pension qu'il fournit. Et, en effet, la dissipation ne serait pas une fin de non-recevoir que pourrait invoquer le débiteur, car le besoin est, par lui-même et indépendamment des motifs qui l'ont amené, une cause valable de demande en aliments, sauf aux juges à prendre en considération ces circonstances, et à fixer en conséquence la quotité de la pension alimentaire (V. ci-dessus mon N° 101).

172. — Les articles 210 et 211 du Code civil nous apprennent le parti qu'a pris notre législateur, en présence de ces considérations diverses.

Art. 210. « Si la personne qui doit fournir les aliments justifie qu'elle ne peut payer la pension alimentaire, le tribunal pourra, en connaissance de cause, ordonner qu'elle recevra dans sa demeure, qu'elle nourrira et entretiendra celui auquel elle devra des aliments. »

Art. 211. « Le tribunal prononcera également si le père ou la mère qui offrira de recevoir, nourrir et entretenir dans sa demeure, l'enfant à qui il devra des aliments, devra, dans ce cas, être dispensé de payer la pension alimentaire. »

De ces textes, ressort un principe qui reçoit deux exceptions. Le principe, c'est que celui qui réclame des aliments, n'est pas tenu d'aller les prendre en nature dans la maison de son débiteur alimentaire, et qu'il peut, au contraire, exiger une pension en argent. Le Code a respecté la liberté individuelle, et j'applaudis à cette règle, car, c'eût été souvent doubler le malheur de celui qui est contraint de réclamer des aliments, que de l'assujettir à les prendre au domicile même de celui qui les lui doit.

173. — A ce principe, le Code a apporté deux exceptions : 1° dans le cas où celui qui doit les aliments justifie qu'il ne peut fournir en argent une pension alimentaire ; 2° dans le cas ou le père et la mère, même sans faire cette justification, offrent de recevoir et entretenir chez eux leur enfant.

Ces exceptions, de même que le principe qu'elles modifient, sont fort sages. En effet, à côté du principe qui prescrit la prestation en argent, naissait, par la force même des choses, la première exception établie par le Code (art. 210). Le débiteur d'aliments peut n'avoir pas assez de ressources pour fournir une pension au demandeur dans le besoin, et à l'impossible nul n'est tenu ; or, la loi a tenu compte de ces considérations, en décidant que dans ce cas, le tribunal pourrait ordonner la prestation en nature chez le débiteur.

Quant à la seconde exception (art. 211), elle était dictée par la nature même des relations qui existent d'ordinaire entre les parents et l'enfant. Celui-ci a été élevé chez eux, et quand il est dans le besoin, il ne fait que reprendre sa place dans la maison paternelle, en *retournant* chez ses parents. Il n'a donc, du moins en principe, aucun motif légitime pour refuser ce mode de prestation. Aussi, quand ce sont des enfants qui réclament des aliments, la loi n'exige pas que l'impossibilité do fournir une pension en argent soit établie. C'est là, remarquons-le, une différence entre cette exception et la première. Ici l'offre des parents de recevoir chez eux leur enfant suffit; les parents n'ont pas besoin de prouver qu'ils sont dans l'impossibilité de payer une pension. Au contraire, si les aliments sont dus à un autre qu'à un enfant, le débiteur ne peut être admis à fournir les aliments chez lui, qu'en justifiant de l'impossibilité où il est de fournir une pension en argent.

Du reste, dans l'un et l'autre cas, il est également facultatif aux juges de rejeter, d'après les circonstances et les dispositions réciproques des parties. l'offre faite par le débiteur d'aliments, de les fournir dans sa propre demeure (Arg. des art. 210 : Le tribunal pourra....., et 211 : Le tribunal *prononcera*....., — (MM. Toullier, t. ii, N° 613; Duranton t. ii, N° 414; Vazeille, t. ii, N° 515; Demolombe, *Traité du mariage*, t. ii, N° 59). C'est ainsi que les tribunaux pourraient rejeter l'offre faite par les père et mère eux-mêmes, de recevoir leur enfant, s'il devait être exposé chez eux à de mauvais traitements ou à de fâcheux exemples (Toullier, t. ii, N° 613). C'est ainsi encore que la présence d'une belle-mère devra parfois être prise en grande considération. (Poitiers, 25 Nov. 1821, D. P. 1825, 2, 96; — V. ci-dessus mon N° 85, 3° *alinéa*.)

A peine ai-je besoin de faire remarquer que si les père et mère peuvent, sans justifier d'impossibilité de payer une pension, offrir de recevoir et d'entretenir chez eux leur enfant, la réciproque n'existe point. Il faut, pour que l'offre du fils de recevoir chez lui son père, soit admise, qu'il justifie de l'impossibilité absolue où il se trouve de payer une pension (Dalloz, J. G. *mariage*,

N° 684-3°, *note* 2). On conçoit très-bien qu'il est beaucoup moins pénible pour l'enfant d'être reçu, de *revenir* chez des père et mère, que pour ces malheureux parents, de recevoir de leurs propres enfants, une hospitalité imposée par autorité de justice.

174. — L'alternative que l'article 211 accorde aux père et mère, soit de fournir la pension en argent, soit de recevoir chez eux leur enfant, appartient-elle aussi aux aïeuls et aïeules envers leurs petits-enfants ?

Je ne le crois pas. En effet : 1° l'article 211 du Code civil établit une exception au principe qui résulte de l'art. 210 ; or, « *exceptio est strictissimæ interpretationis* ; 2° cette exception est, de plus, conçue en termes tout-à-fait restrictifs ; et les mots « *le père, la mère* » ne sauraient comprendre les autres ascendants. Si la loi avait voulu étendre aux aïeuls l'alternative accordée aux père et mère, elle eût ajouté le mot *ascendants*, comme elle l'a fait dans l'art. 205 ; 3° j'ajoute qu'il n'y a point parité de motifs dans les deux cas. L'affection des grands-parents est, en général, moins grande que celle des père et mère pour leurs enfants ; ces derniers ont été élevés dans la maison paternelle, et non point chez leurs aïeuls. Enfin, à raison de l'âge des grands-parents et de l'influence qu'il exerce sur leur caractère et leur santé, le séjour d'un enfant prenant dans la maison de ses aïeuls sa pension alimentaire, serait souvent plus pénible que chez ses parents. J'en conclus donc que l'exception de l'art. 211 doit être restreinte au père et à la mère (En ce sens, MM. Marcadé, t. ii, art. 210, 211, N° 1 ; Massé et Vergé, t. i, p. 226 ; Demante, t. i, p. 203 *bis*, 1 ; *Contrà*, M. Demolombe, *Traité du mariage*, t. ii, N° 60).

175. — Les père et mère qui sont dans l'impossibilité

de payer la pension alimentaire, peuvent-ils être contraints à recevoir chez eux leur enfant ?

L'affirmative ne me semble pas douteuse. Un arrêt de la Cour d'Amiens, du 13 janvier 1838 (S. 1838. 2. 291), a cependant jugé le contraire, par ce motif, que l'art. 211 du Code subordonne le droit pour les tribunaux d'ordonner que les père et mère recevront leurs enfants chez eux, au consentement formel de ceux-ci. Par conséquent, si ce consentement n'existe point, et si, d'autre part, les père et mère ne sont pas en état de fournir la pension en argent, le juge n'a pas le pouvoir de leur forcer la main.

La cour d'Amiens, trop préoccupée des inconvénients que peut entraîner le séjour forcé des enfants chez leurs parents, a donné à l'article 211 une interprétation inexacte.

En effet, que dit l'article 210 du Code civil ! il pose le principe que les aliments doivent être fournis au créancier alimentaire, au moyen d'une pension en argent. A ce principe, le même article et l'article 211 apportent deux exceptions : 1° si le débiteur justifie de l'impossibilité de payer la pension en argent, le tribunal peut admettre le paiement en nature ; 2° si le débiteur est le père ou la mère, la nécessité de justifier cette impossibilité n'existe plus ; il leur suffit de faire l'offre de fournir des aliments chez eux. Voilà toute la différence entre les deux exceptions : justification de l'impossibilité imposée aux uns ; justification non imposée aux autres.

Mais l'article 211 ne contient rien d'où l'on puisse induire que les père et mère peuvent, lorsqu'ils ne sont pas en état de fournir la pension en argent, refuser de recevoir leur enfant chez eux, et que les tribunaux sont obligés de s'arrêter devant ce refus.

On objecte les inconvénients moraux qui pourraient

résulter du séjour forcé de l'enfant dans la maison paternelle, à la suite d'un procès dans lequel les parents
auraient succombé. Mais la doctrine absolue de l'arrêt de
la Cour d'Amiens est-elle donc exempte d'inconvénients?
Et, comme le dit M. Demolombe, *Traité du mariage*,
t. II, N° 61, 2°, « serait-il juste, serait-il moral que des
père et mère dénaturés ne pussent pas être contraints,
lorsqu'ils seraient en état de le faire, de recevoir chez eux
leur enfant infirme, leur fille aveugle, par exemple, et
qu'il faudrait mettre à l'hôpital, s'ils ne la recevaient
pas! »

Et puis, ces inconvénients moraux ne se présenteraient-
ils pas également, et ne seraient-ils pas plus choquants
même, dans le cas où les père et mère auraient été obligés
de plaider, d'obtenir un jugement pour contraindre leurs
enfants à les recevoir chez eux ! Et cependant personne
ne conteste aux juges le pouvoir d'ordonner cette mesure
(M. Demolombe, *ibid.*)

D'ailleurs, le pouvoir d'appréciation des faits, des circonstances, de la position des parties, etc., qui appartient
aux tribunaux en cette matière, me paraît être une
garantie suffisante contre les dangers qu'on signale.

176. — De même que la quotité, le mode de prestation
des aliments est laissé à la prudence des magistrats
(Dalloz, J. G. *Mariage*, N° 686-3°, *note* 3). Spécialement,
ils peuvent ordonner que le père comptera directement
aux fournisseurs du fils le montant de la pension (Rennes,
24 déc. 1810, Dalloz, J. G. *Mariage*, 659, *note* 1).

Mais, en règle générale, le paiement de la pension
alimentaire a lieu par quartiers, et par avance.

Le mot *pension*, employé par les articles 210 et 211 du
Code civil, suppose une prestation périodique de terme à

terme. Et c'est ce mode de paiement qu'il convenait d'appliquer ici, pour ne pas rendre trop onéreux, pour le débiteur, la dette alimentaire. Il a, de plus, l'avantage de garantir ce même débiteur contre la dissipation du bénéficiaire des aliments.

Quant au paiement par avance de la pension, la nécessité en est évidente : l'ayant-droit aux aliments n'aurait pas, en effet, de quoi vivre en attendant l'échéance du premier terme.

Mais, en cette matière, je le répète, la loi s'en remet à la sagesse et à la prévoyance des magistrats pour régler tous ces points le mieux et le plus équitablement possible.

177. — Toutefois, ce pouvoir réglementaire des tribunaux a aussi ses limites. Ainsi, les juges ne pourraient imposer à celui qui demande des aliments l'obligation d'avoir sa résidence dans un lieu déterminé (Bourges, 9 août 1832, S. 1833, 2. 130); ils ne pourraient non plus l'obliger à se livrer à telle ou telle occupation (Caen 11 novembre 1845, D. P. 1846, 4. 14), car ce serait porter atteinte à la liberté personnelle. Cependant, comme le fait judicieusement remarquer M. Demolombe, *Traité du mariage*, t. II. N° 65, ils pourraient, dans certaines circonstances, arriver indirectement au même résultat. Si, par exemple, celui qui doit des aliments, offrait à celui qui les demande, une occupation que celui-ci pût très-bien remplir, et qu'il n'eût aucun motif de refuser, la pension pourrait ne pas lui être adjugée, en cas de refus de sa part. De même encore, pour stimuler le demandeur à chercher une occupation, la pension alimentaire peut ne lui être accordée que pour une durée limitée, sauf à lui à former une nouvelle demande lors de l'expiration du temps fixé, en justifiant qu'il est toujours

hors d'état de satisfaire à ses besoins (Caen, 11 novembre 1845, D. P. 46, 4. 141).

Proudhon, *de l'Usufruit*, t. ii. N° 203, enseignait même que, dans tous les cas, l'ayant-droit aux aliments, admis à les recevoir au domicile de son débiteur alimentaire, devait s'y rendre utile dans la mesure de ses moyens et ne pouvait refuser son concours aux travaux domestiques (V. ci-dessus mon N° 85, *in fine*). Il est certain que cette mesure est raisonnable et légitime ; cependant il faut reconnaître que les magistrats ne pourraient l'ordonner directement, sans porter atteinte à la liberté individuelle. Mais ici encore, ils pourront prendre en considération la mauvaise volonté du créancier alimentaire, son refus de travail et de bons offices, soit pour repousser sa demande d'aliments, soit pour faire cesser la pension alimentaire, dans le cas où, admis dans la maison du débiteur, il voudrait s'y faire servir en maître, sans prendre sa part des soins et des travaux auxquels il pourrait coopérer.

178. — J'ai dit que le paiement de la pension alimentaire se faisait, en règle générale, par quartiers et par avance ; mais à dater de quelle époque cette pension commence-t-elle à courir ?

En principe, c'est à partir du jour de la demande en justice. On doit appliquer ici la règle que les effets d'une demande judiciaire rétroagissent au jour où elle a été formée. En effet, l'admission par le tribunal de la demande d'aliments fait supposer qu'au moment où elle a été formée, elle était motivée par des besoins réels. Toutefois cette présomption peut n'être pas toujours exacte : ainsi, il peut être démontré que la pension n'était pas nécessaire au moment de la demande ; or, comme le *besoin* est la condition à laquelle est subordonnée la pension alimentaire, elle ne doit courir, dans ce cas, par exception au principe susénoncé, qu'à partir du jugement qui a prononcé l'allocation, puisque ce n'est qu'alors que le besoin a existé, et, par suite, que la dette alimentaire a pu prendre naissance : c'est ce qū'a décidé la Cour de Bordeaux, dans un arrêt du 14 déc. 1841 (Dalloz, J. G. *Mariage*, 699-1°, *note* 3). Par contre, il pourrait se présenter des circonstances qui permettraient aux tribunaux de faire courir la pension à partir d'une époque antérieure à la demande. Ainsi, par exemple, lorsque antérieurement à la demande, le père payait à son fils une pension alimentaire en vertu d'une convention, la Cour de Rennes a décidé que les juges pourraient faire courir la pension qu'ils accordaient à partir du dernier paiement effectué, et non pas seulement à partir de la demande (Rennes, 12 juin 1810, Dalloz, J. G. *Mariage*, N° 621). En consultant l'espèce soumise à la Cour de Rennes, on peut remarquer qu'elle confirme implicitement la décision que j'ai prise ci-dessus (N° 108), savoir : que les dettes contractées pour besoins alimentaires doivent être payées par le débiteur alimentaire.

170. — Celui à qui une pension alimentaire a été allouée, doit-il, conformément au droit commun, venir la toucher chez son débiteur, ou bien celui-ci doit-il, par dérogation à l'article 1247, la faire parvenir lui-même au domicile du créancier alimentaire ! En d'autres termes, les aliments sont-ils quérables ou portables !

M. Demolombe, *Traité du mariage*, t. II, N° 64, dit qu'il y a là une question de fait confiée à la sagesse et à la prévoyance des magistrats. Toutefois, je crois qu'il ne faut admettre cette solution qu'avec une grande réserve; aucun texte, en effet, n'autorise pour le cas de pension alimentaire, une dérogation à l'article 1247 du Code civil, qui oblige le créancier à recevoir au domicile du débiteur, le paiement de ce qui lui est dû. Et il est d'autant plus équitable de suivre ici la règle de droit commun, que nous sommes en présence d'une dette légale, *ex officio pietatis*, et qu'il serait inique d'aggraver cette obligation.

180. — Supposons qu'une pension alimentaire de 1,000 fr. ait été allouée à un fils ; s'il laisse passer quatre ans sans demander à son père le paiement de cette pension, pourra-t-il venir ensuite lui réclamer 4,000 fr., montant des quatre années impayées ?

En d'autres termes, les pensions alimentaires dues *ex officio pietatis* arréragent-elles ?

Je ne le crois pas. En effet, la pension alimentaire a uniquement pour objet de subvenir aux besoins présents et aux besoins futurs ; quant aux besoins passés, ils n'existent plus, et, par conséquent, les pensions ne doivent pas y être appliquées. Si le fils a vécu pendant quatre années sans demander le paiement de sa pension, c'est qu'il a trouvé du travail, une place, un emploi quelconque ; dès lors, il n'était pas dans le *besoin*.

Toutefois, si ce fils a contracté des dettes pour cause d'aliments, j'estime qu'il pourrait réclamer le paiement de ces dettes dans les limites de la pension alimentaire. En effet, le besoin, cause de l'obligation reconnue par le jugement, a continué d'exister, et si la pension n'a pas été réclamée, c'est que le plus souvent des circonstances de fait très-légitimes en auront empêché la réclamation.

Dans ces circonstances, supposons que le fils ait fait un héritage, reçu une donation ; est-ce qu'il pourrait alors, sous le prétexte d'un besoin qui n'existe plus, venir réclamer le montant de ses quatre années de pension ? Je sais bien qu'il a en sa faveur un jugement; qu'il faut, pour faire cesser la pension, en demander judiciairement la décharge, et qu'enfin il ne faut pas favoriser le débiteur en retard plus que celui qui paie exactement. Mais remarquons que la dette alimentaire n'est pas une de ces dettes auxquelles il faille appliquer rigoureusement les les principes purs du droit civil. « L'obligation alimentaire, comme le dit M. Demolombe (*Traité du mariage*, t. II, N° 71), mais ce n'est autre chose que la charité, que la bienfaisance organisée légalement, et quand il n'y a plus, aux yeux de la morale, aucun devoir de charité et de bienfaisance à remplir, je suis fort porté à croire qu'il n'y en a pas davantage aux yeux de la loi civile. » Pourquoi donc la dette alimentaire ne s'éteindrait-elle pas avec le besoin qui en est la seule cause ?

Ne serait-il pas, d'ailleurs, contradictoire et même choquant de forcer un père à payer à son fils peut-être maintenant plus riche que lui, les arrérages de plusieurs années ? Peut-être, en présence du défaut de réclamation, le père a-t-il pu croire que son fils n'était plus dans le le besoin, et a-t-il employé *lautius vivendo*, la pension alimentaire destinée à ce dernier.

Aussi, malgré les obligations que rencontre cette décision, je conclus que les pensions alimentaires dues *ex officio pietatis* n'arréragent pas. Du reste, il importe peu que la pension ait été déterminée par convention ou par jugement (M. Demolombe, *ibid.*; en ce sens, Paris, 1er Déc. 1832, Dalloz. J. G. *mariage*, N° 714-1°, note 1).

SECTION III.

181. — Les juges pourraient-ils condamner celui qui doit la pension, à donner des sûretés pour le paiement des arrérages? soit à constituer un capital qui y serait affecté, soit à fournir une caution ou une hypothèque?

Je distingue : s'agit-il d'assurer le paiement de la pension alimentaire contre la mauvaise volonté du débiteur, et de l'empêcher ainsi de se soustraire, par des aliénations simulées, à l'obligation qui pèse sur lui? Par exemple, voilà un homme condamné à fournir des aliments à sa femme et à son enfant ; mais cet homme est un dissipateur, ou bien encore il s'imagine que sa femme l'a trompé, et que cet enfant n'est pas le sien; et par des actes produits au procès, on prouve que déjà il a consenti des ventes frauduleuses, des transports simulés. Sera-t-il possible alors, de garantir par une sûreté quelconque, le service de la pension? Je le crois, et j'estime que dans des cas semblables, les magistrats pourraient et devraient même assurer par des garanties, hypothèque ou autre, le service de la pension alimentaire. En effet, qui veut la fin, veut les moyens; or, la loi, en créant l'obligation alimentaire, a donné implicitement aux magistrats, le pouvoir d'en garantir l'exécution. D'ailleurs, les sûretés sont ici accordées non point contre une insolvabilité réelle et sérieuse, mais contre une insolvabilité apparente et mensongère, non point contre les créanciers de la personne qui doit les aliments, mais directement contre cette personne elle-même. Loin donc que cette mesure soit en opposition avec la loi, elle sert à la confirmer.

182. — Mais, au contraire, s'agit-il d'assurer la pension alimentaire contre les chances d'insolvabilité, de faillite

ou de déconfiture du débiteur, de telle sorte que celui à qui les aliments sont accordés, aurait le droit de se présenter au même titre que les autres créanciers, et de se faire colloquer pour un capital destiné à garantir son paiement? Le cas est bien différent, et doit, ce me semble, recevoir une solution toute différente.

Quelques arrêts cependant semblent reconnaître ce droit aux tribunaux (Cass., 30 Janv. 1828, D. P. 1828. 1, 115; Angers, 25 Février 1820, D. P. 1820, 2. 53; Cass. 14 Juin 1853, S. 1853. 1. 609). On allègue, en faveur de cette opinion, que les créanciers du débiteur alimentaire ne peuvent pas directement demander la décharge de la pension dont il est grevé (art. 1166); or, dit-on, ils ne doivent point pouvoir arriver à ce résultat, et supprimer la pension, en saisissant les biens du débiteur alimentaire.

Cet argument ne me semble pas concluant. Et, d'abord : 1° l'obligation alimentaire n'est pas privilégiée, car la loi ne l'a pas dit (art. 2004, Code civ.); 2° j'admets bien que la demande en réduction ou décharge est une action personnelle (art. 1166; V. ci-après N°° 105 et suiv.); mais je prétends que la déconfiture, la faillite du débiteur alimentaire arrivées, il se° produit quelque chose d'analogue à ce qui a lieu en matière de séparation de biens. L'article 1446 du Code civil refuse aux créanciers de la femme la faculté de demander la séparation de biens, parce que ce droit, tout pécuniaire qu'il est, touche à des considérations morales de l'ordre le plus élevé. Mais quand la faillite du mari est déclarée, la loi permet aux créanciers de la femme d'exercer les droits de leur débitrice. Pourquoi? C'est qu'alors les intérêts pécuniaires seuls sont en jeu. De même aussi, lorsque survient la faillite ou la déconfiture du débiteur alimentaire, les créanciers de ce dernier ont un droit qu'ils n'avaient pas : ils peuvent demander *in futurum* la décharge de la dette d'aliments. Le bénéficiaire de la pension viendra au marc le franc avec les autres créanciers pour une somme égale à tout ce qui ne lui aura pas été payé de sa pension. Il est à peine besoin d'ajouter que l'article 474 du Code de commerce recevra son application en ce qui concerne les aliments dus au conjoint et aux enfants du failli; 3° le système contraire conduit, d'ailleurs, à de véritables inconséquences : ainsi le débiteur lui-même ne peut exiger de ses créanciers qu'ils lui laissent sur ses propres biens, au moins de quoi vivre (comp. art. 581, 582, 592, 593, C. Proc. civ ; 530, C. civ.); et son parent ou son allié aurait ce droit contre eux, non pas en vertu d'une véritable créance, mais par suite d'une obligation *ex officio pietatis!* c'est là un résultat inadmissible.

Toutefois, en refusant aux juges le droit d'assurer la pension alimentaire par des garanties qui produisent leur effet vis-à-vis des tiers, je ne prétends pas enlever au créancier alimentaire le bénéfice du droit commun. Si donc celui-ci a dû recourir à un jugement pour obtenir l'exécution du devoir alimentaire, le jugement qui a reconnu sa créance, lui a conféré une hypothèque judiciaire sur tous les biens de son parent ou allié, hypothèque prenant rang du jour où elle a été inscrite (art. 2123 et 2134). De cette façon il primera pour le paiement des arrérages à lui dus et non encore payés, les créanciers chirographaires, et les créanciers hypothécaires qui lui sont postérieurs en date.

PARTIE IV.

Caractères de la dette alimentaire.

SECTION I.

183. — L'obligation alimentaire, j'ai déjà eu l'occasion de le faire remarquer, se fonde surtout sur les liens de parenté et d'alliance qui unissent certaines personnes. Sans doute, elle se base aussi sur le droit héréditaire, suivant la maxime « *Ubi emolumentum, ibi et onus* »; mais c'est surtout en considération de l'affection entre parents et alliés que le législateur a établi entre eux l'obligation alimentaire.

La dette d'aliments ainsi fondée, devait emprunter à cette affection même le caractère qui lui est ordinaire : la réciprocité. Aussi le législateur lui-a-t-il attribué formellement ce caractère. Déjà j'ai signalé cette réciprocité, en étudiant les sources de l'obligation alimentaire, et, dans le 1er chapitre de ma seconde partie, j'ai donné aux conséquences de ce caractère tous les développements qu'elles comportaient (V. notamment les sections 1, 2 et 3, chap. I, part. II). Si je l'ai mentionné ici de nouveau, c'est pour bien mettre en lumière ce caractère de réciprocité, qui distingue la dette alimentaire, et qui domine toute la matière.

SECTION II.

184. — Après avoir fait connaître dans le 1er chapitre de ma seconde partie les différents débiteurs alimentaires, j'ai indiqué dans le second chapitre, l'ordre dans lequel le créancier alimentaire devait s'adresser à eux. Si, d'après ces données, une seule personne, par suite de son degré de parenté avec l'ayant-droit aux aliments, se trouve être tenue seule de la dette alimentaire, point de difficulté : le créancier alimentaire s'adressera à elle seule, et pour la totalité de la pension. Mais supposons plusieurs débiteurs tenus au même titre de l'obligation alimentaire : par exemple, un père est dans le besoin, et ses trois enfants, ou ses trois gendres, ou ses belles-filles sont en état de lui fournir des aliments ; ou bien encore, c'est un enfant qui réclame une pension de ses père et mère. Faudra-t-il condamner chacun des débiteurs pour le tout, sauf son recours contre les autres ? ou, au contraire, ne condamner chacun d'eux que pour la part dont il sera déclaré personnellement débiteur ? En d'autres termes :

1° La dette alimentaire est-elle solidaire ? (art. 1200 et suiv.)

2° Est-elle indivisible ? (art. 1217 et suiv.)

3° N'est-elle ni solidaire, ni indivisible ?

185. — Avant d'entamer l'examen des différents systèmes sur cette question, je crois utile de bien préciser en quoi consistent la dette solidaire et la dette indivisible.

On appelle *solidaire* la dette qui, existant sur plusieurs

codébiteurs qui se sont obligés ou que la loi oblige à payer l'un pour l'autre, comme mandataires réciproques, peut être exigée en entier, *in solidum*, de celui de ces codébiteurs que le créancier voudra attaquer (art. 1200; Marcadé, art. 207, N° 710).

Il y a donc deux sortes de solidarité ; la solidarité légale, et la solidarité *conventionnelle* (art. 1202, C. Civ.)

La dette *indivisible* est celle qui, par la nature même de son objet (nature réelle ou seulement légale), n'est pas susceptible d'être exécuté pour partie (art. 1217 et 1218; Marcadé, *ibid*).

Il y a aussi plusieurs espèces d'indivisibilité. Pothier, d'après Dumoulin, en reconnaît trois espèces: 1° L'indivisibilité *contractu et naturá*; par exemple, la dette a pour objet une servitude de passage; 2° L'indivisibilité *obligatione*: la promesse a porté, je suppose, sur une maison à construire; 3° L'indivisibilité *solutione tantum*: j'ai stipulé une somme d'argent pour exercer un droit de réméré.

180. *Système de la solidarité.* — Ce système suppose l'existence d'une dette dont chaque débiteur est tenu pour le tout comme s'il était seul (art 1200 et suiv.) Par conséquent, le créancier alimentaire peut s'adresser à celui de ses débiteurs qu'il lui plaira de choisir ; et celui-ci devra payer la totalité de la dette, sans avoir même la faculté de mettre en cause ses codébiteurs pour faire diviser entre eux et lui, le montant de la condamnation (art. 1203 et 1214, C. Civ.

1° Les partisans de la solidarité de la dette alimentaire invoquent, à l'appui de leur système, la tradition. L'ancien droit admettait la solidarité de la dette alimentaire, du moins entre les enfants, et même aussi entre le père et la mère. « Lorsqu'il y a plusieurs enfants, nous dit Pothier, *Traité du mariage*, part. v. chap. i. art. 2 § 2, si chacun d'eux a le moyen de payer toute la pension, ils doivent être condamnés solidairement à la payer. Le concours des autres enfants qui ont le moyen comme lui, lui donne bien un recours contre eux, mais ne le dispense pas vis-à-vis de son père, de satisfaire pour le tout, à cette obligation » (Nouveau Denizart, V° *aliments*, § 4, N° 3).

2° L'intérêt de l'ayant-droit aux aliments, ajoute-t-on, exige qu'il ne soit pas obligé de diviser son action, et qu'il puisse choisir, pour obtenir la totalité de la dette alimentaire, un d'entre ses débiteurs, sauf le recours de celui-ci contre ses codébiteurs. L'idée du législateur a été d'aplanir les difficultés pour le malheureux qui a besoin d'assistance, et de rendre les moyens d'obtenir les aliments, peu dispendieux pour lui (Toullier, t. ii, N° 013; Proudhon, t. i, p. 419; Rodière, *Traité de la solidarité et de l'indivisibilité*, N° 158).

187. — Ces considérations ont certainement leur valeur, et j'en tiendrai compte dans l'opinion que j'adopterai tout-à-l'heure; mais elles ne sauraient me faire accepter le système de la solidarité.

1° J'écarte d'abord l'argument tiré de la tradition par une observation que me suggèrent MM. Aubry et Rau, t. vi, p. 105, en note, 4° édit. S'il était admis, dans notre ancien droit, que la dette alimentaire était solidaire entre enfants, ce n'était que par une fausse interprétation des lois qui n'ont plus aucune force obligatoire aujourd'hui. Plusieurs lois au Digeste, notamment la loi 3, *De alimentis vel cib. legatis*, nous disent que dans le cas où une pension alimentaire a été léguée par testament, le juge peut charger l'un des héritiers de la payer tout entière. La jurisprudence coutumière faisait sans doute aux aliments dus par la disposition de la loi, l'application de cette loi 3, qui ne concernait que les aliments dus en vertu d'une disposition de l'homme. Maintenant, en présence de l'art. 1202 du Code civil, les juges ne peuvent plus, par leur volonté, rendre une dette solidaire, comme ils pouvaient le faire autrefois. Le passage de Pothier, invoqué par les partisans de la solidarité, ne peut plus être aujourd'hui un argument en faveur de leur système. Quand Pothier (*loc. suprà cit.*) parle de solidarité, il a eu vue la solidarité judiciaire, et non la solidarité légale.) Ce qui le prouve, ce sont ces mots de Dumoulin, *Extricatio labyrinthi dividui et individui*, part. ii, N° 38 : « *Hæc autem fit officio judicis, quia vi ipsa nemo plurium debet in solidum.* »

2° D'ailleurs, soutenir la solidarité, c'est, ce me semble, oublier complétement l'article 1202 du Code, et ses conséquences. De plus, l'article 208, en édictant que chaque débiteur n'est tenu que dans la proportion de sa fortune personnelle, exclut la solidarité.

Ainsi, pas de solidarité légale (art. 1202); pas de solidarité conventionnelle puisque nous nous trouvons en présence d'une dette légale. Pour admettre que la dette alimentaire est solidaire, il faut imaginer une troisième solidarité qui serait prononcée par le juge; or, cette sorte de solidarité était bien admise en droit romain, mais n'existe plus dans notre droit actuel.

J'ajoute que la solidarité suppose une dette dont on connait le *quantum*, qui s'évalue en chiffres. Or, comment veut-on rendre solidaire une dette qui est 1 pour l'un des débiteurs, 2 pour l'autre, 0 pour un troisième!

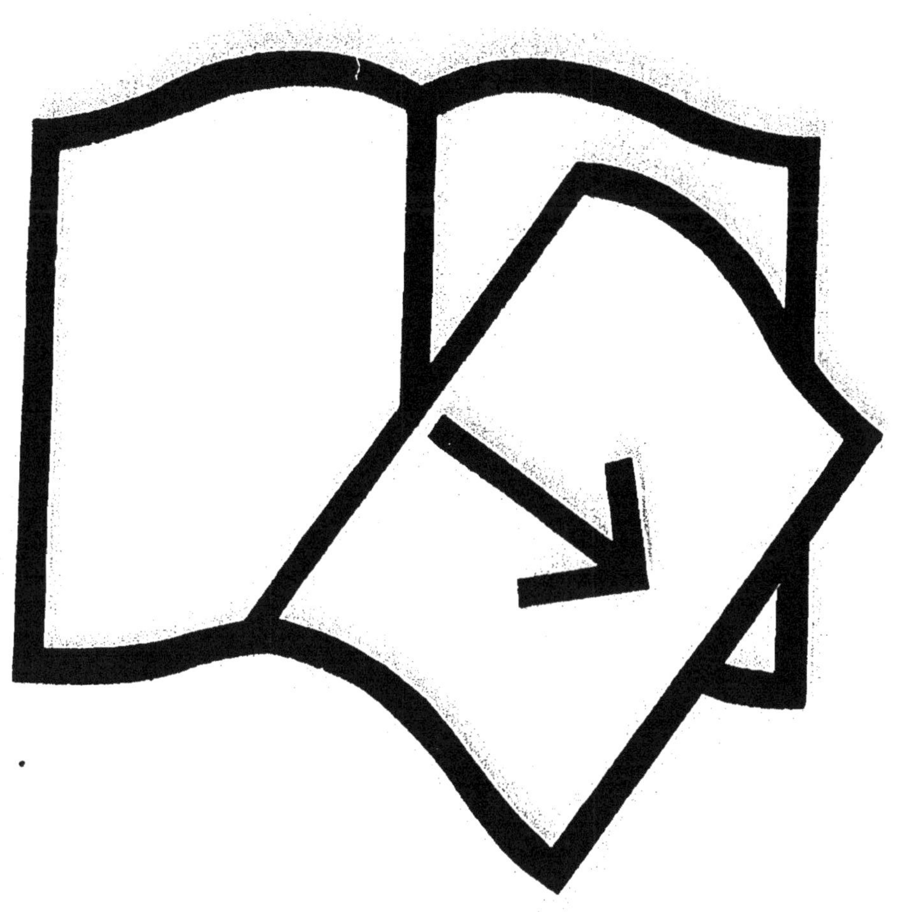

Documents manquants (pages, cahiers...)

NF Z 43-120-13

188. — *Système de l'indivisibilité.* Ce système suppose également l'existence d'une dette dont chaque débiteur est tenu pour le tout comme s'il était seul. Il a ce trait de commun avec le système de la solidarité; mais il diffère en ce que le système de l'indivisibilité laisse à celui des débiteurs, contre qui l'action est exercée pour le tout, la faculté de mettre ses codébiteurs en cause, dans le but de faire diviser entre eux et lui le montant de la condamnation (art. 1225, C. civ.), tandis que le système de la solidarité ne comporte pas cette faculté (art. 1203 et 1214). Il y a, dans cette faculté attribuée au débiteur actionné, de mettre en cause ses codébiteurs, un grand avantage : c'est que le juge fixant ce que chaque débiteur doit payer, la position de chacun d'eux est nettement dessinée : le débiteur poursuivi qui paie sait que tel de ses coobligés lui doit 10, tel autre 20.

1° Pour soutenir ce système, on argumente d'abord de la tradition. Pothier dit, en effet, au N° 391 de son *Traité du contrat de mariage* « que chaque enfant considéré seul, est obligé par le droit naturel, lorsqu'il en a le moyen, de fournir à son père tout ce qui lui est nécessaire pour vivre, et non pas seulement une partie de ce qui lui est nécessaire; » or, ces derniers mots ne tendent-ils pas à faire regarder l'obligation alimentaire comme indivisible.

2° L'obligation alimentaire, dit-on encore, a pour objet la vie; or, *nemo pro parte vivere potest*; on vit ou l'on meurt; donc l'obligation de fournir des aliments est indivisible (Duranton, t. II, N° 424, 425; Coffinières, Encyclop., V° *Aliments*, N° 29).

189. — A l'argument tiré de la tradition, j'oppose le langage de Dumoulin, *Extricatio labyrinthi dividui et individui*, part. II, N° 38 : « *Quamvis quis pro parte* aux vrais principes du droit. Pour rendre mes explications plus faciles à saisir, je rappelle l'espèce que j'ai proposée ci-dessus : Paul a deux petits-fils d'un fils prédécédé. L'un d'eux meurt, après avoir institué un étranger son légataire universel, privant ainsi de tout droit à sa succession, et son frère et son aïeul (art. 740, 748, 750, 916, C. civ.); je dis que, par suite de la personnalité de l'obligation alimentaire, l'étranger institué légataire universel, n'est pas tenu envers l'aïeul de la dette d'aliments.

1° Et d'abord, ce système est conforme à la raison : en effet, si la loi a établi l'obligation alimentaire entre telle et telle personne, c'est parce que c'est le même sang qui coule dans les veines du débiteur et du créancier alimentaire. Le débiteur mort, la parenté du sang n'existant plus, cette obligation doit cesser. Ces principes rationnels, le droit romain les avait consacrés (L. 5, § 17, Dig., *De agnosc. et alend. liberis*); ils étaient aussi ceux de notre droit coutumier, si l'on en croit Lebrun (Liv. 1, cap. V, sect. 8, N⁰ˢ 32 et 33). Mais si la raison et la tradition sont d'accord pour nier l'hérédité de la dette alimentaire, comment se fait-il donc que la doctrine de la transmissibilité ait été jusqu'à nos jours accueillie par les auteurs et la jurisprudence ? En voici la raison : les partisans de la transmissibilité se sont prononcés sous l'influence du sentiment d'équité qui avait fait admettre à Ulpien une exception au principe pour le cas où un père serait réduit à une extrême pauvreté. C'est ce même sentiment qui faisait écrire à Lebrun, que, dans notre ancien droit, « si la dette était personnelle, l'équité l'entraînait à recommander l'opinion contraire. » Ils se sont apitoyés sur le sort des aïeuls dépouillés par le testament de leurs petits-fils, comme dans l'hypothèse que je viens de rappeler, sur le sort de l'époux survivant auquel son conjoint prédécédé n'aurait pas laissé de quoi vivre. Mais si l'on conçoit cette réserve dictée par l'équité, sous l'empire du droit romain et du droit coutumier, quand les jurisconsultes faisaient le droit, il faut se garder de faire prévaloir cette considération, sous l'empire d'une législation écrite.

2° Si, après les principes du droit naturel, j'examine les textes de notre Code civil, je vois que l'obligation alimentaire est imposée limitativement aux descendants, aux ascendants, à certains alliés enfin, expressément énumérés par la loi. Or, au cas d'un légataire universel étranger, nous n'avons plus ni ascendant, ni descendant, ni allié désignés par la loi ; donc, les articles mêmes de la loi résistent à toute admission de l'obligation alimentaire entre personnes qui, en réalité, sont complétement étrangères l'une à l'autre.

3° Et en effet, d'où dérive la dette alimentaire du petit-fils envers son aïeul, par exemple, pour continuer toujours le même exemple ? De sa qualité de petit-fils uniquement, et, par suite, des devoirs de piété et d'assistance qu'elle engendre, *ex officio pietatis* ; or, cette qualité et ces devoirs sont assurément tout-à-fait personnels et intransmissibles. L'héritier, le légataire universel dans notre espèce, ne sont tenus par aucun lien personnel, et leur auteur n'était tenu que par suite d'un lien qui s'est brisé avec lui ; donc, la cause efficiente et le principe de l'obligation alimentaire n'existent plus en dehors de lui.

4° Mais, dit-on, l'obligation alimentaire est une charge de la succession, une dette héréditaire comme une autre (art. 724, 1009 et 1012).

Cette assertion n'est rien moins qu'exacte. Au contraire, bien différente des obligations contractuelles ordinaires qui lient en effet le débiteur et ses héritiers ou ayants-cause (art. 724 et 1122, C. civ.), l'obligation alimentaire est purement légale ; elle ne procède que de la loi et n'existe qu'entre certaines personnes limitativement énumérées par elle. Ce n'est point une dette permanente et perpétuelle, mais uniquement une dette viagère, une dette de la personne. Si la loi civile lui prête sa sanction, je l'ai déjà dit, c'est dans un intérêt d'ordre public, c'est parce qu'il eût été déplorable de voir un proche parent refuser des aliments à son parent dans la détresse. Mais, encore une fois, ces motifs ont cessé d'exister par la rupture du lien de parenté ; donc, l'obligation doit s'éteindre : *cessante causâ, cessat effectus.* « Eh quoi ! dit M. Demolombe (*Traité du mariage,* t. ii, N° 40), le gendre lui-même est personnellement dispensé de fournir des aliments à son beau-père, lorsqu'il a perdu sa femme et qu'il n'y a point d'enfant du mariage ! eût-il encore sa femme et ses enfants, il n'en devra plus à sa belle-mère remariée ! (art. 206, C. civ.) La pension alimentaire déjà accordée cesserait dans les deux cas, et vous ne voulez pas que la mort même du parent ou de l'allié débiteur l'éteigne ! »

5° Je prétends, d'ailleurs, qu'il est impossible d'imposer l'obligation alimentaire au successeur du petit-fils, sans la dénaturer complétement.

En effet, la dette alimentaire doit être déterminée eu égard aux facultés du débiteur. Eh bien ! supposons que le légataire universel soit plus riche que son auteur : dans ces conditions, laisser au même taux la pension alimentaire, c'est violer l'art. 208 du Code civil qui nous montre le débiteur tenu dans la proportion de sa fortune. Au contraire, augmenter le chiffre de la pension, c'est commettre une hérésie en droit, en décidant que l'héritier est plus tenu que le défunt.

Un autre caractère que j'ai signalé dans la première section de cette quatrième partie, c'est la réciprocité. Or, si la dette est transmissible, la réciprocité fait défaut : de quel droit, en effet, le légataire universel venant à tomber dans le besoin, pourra-t-il s'adresser à celui à qui il a fourni des aliments, et qui reviendrait à meilleure fortune ?

De plus, la dette alimentaire est variable, et suit les fluctuations des fortunes du débiteur et du créancier alimentaire. Or, que décider si l'étranger, légataire universel, éprouve une diminution de fortune ? pourra-t-il demander une réduction ou décharge de la pension alimentaire ? à l'inverse, si les besoins du créancier alimentaire augmentent, pourra-t-il demander contre le légataire universel un supplément de pension ? On le voit, tout est changé, et en vérité, ce n'est pas l'obligation du petit-fils qui a été transmise à son légataire, mais c'est une obligation nouvelle et toute différente que l'on crée contre ce dernier. Ajoutons encore que le mode de prestation autorisé dans certains cas par les articles 210 et 211 serait alors tout-à-fait impossible.

6° Les dissentiments mêmes qui divisent les partisans de la transmissibilité (V. N°ˢ 199 et 200) nous prouveraient encore que l'obligation alimentaire est au plus haut degré personnelle : les uns, en effet, veulent de l'hérédité à outrance ; les autres ne veulent qu'une hérédité en quelque sorte mitigée, et exigent que les besoins soient nés avant la mort du débiteur, ou bien même qu'ils aient été reconnus par jugement; or, ces dernières opinions ne reconnaissent-elles point ainsi, d'une façon implicite, le caractère de personnalité de la dette alimentaire ? car, j'ai à peine besoin de le faire remarquer, l'obligation, qu'elle ait été reconnue par un jugement ou un traité, n'en est pas moins toujours la même, toujours purement légale, toujours fondée sur les liens de la parenté ou de l'alliance, toujours donc aussi personnelle !

Tels sont les arguments qui militent en faveur de la personnalité de l'obligation alimentaire. Cette doctrine, longtemps sans défenseur, a été adoptée par M. Dalloz (J. G. *Mariage*, N° 052), et M. Demolombe l'a développée dans une magnifique dissertation, où j'ai puisé mon argumentation (*Traité du mariage*, t. II, N° 40). M. Laurent (*Principes de droit civil*, t. III, § 48), et MM. Vergé et Massé sur Zachariæ, t. I, p. 222 *note* 10, se sont rangés également à cette opinion. La jurisprudence a suivi la doctrine, et le système de la personnalité de la dette alimentaire a été reconnu par un certain nombre d'arrêts (Comp. Orléans, 24 Nov. 1855, S., 1856, 2. 1385; Cass. 8 juillet 1857, S., 1, 809; Toulouse, 20 Mars 1866, Montpellier 30 Mai 1866, S., 1866, 2, 235 et 304).

202. — L'obligation alimentaire est donc personnelle en ce sens qu'elle ne peut se transmettre aux héritiers du créancier et du débiteur alimentaire. Faut-il lui attribuer ce caractère, en ce sens qu'elle ne peut être cédée à un tiers, ou déléguée à un créancier ?

Tous les auteurs répondent affirmativement à cette question, et avec raison. C'est qu'en effet, le droit de demander des aliments est inhérent à une qualité intransmissible; il dérive de devoirs tout personnels, *ex officio pietatis* ; c'est un droit d'usage *sui generis*, exclusivement attaché à la personne, et qui n'a pas d'existence en dehors du créancier alimentaire. Transmettre ce droit, le vendre, le déléguer, me semble chose impossible : du moment où il ne s'applique plus au bénéficiaire des aliments, il n'a plus sa raison d'être ; il arrive mort entre les mains du cessionnaire ou du délégataire (art. 631 et 634, C. civ., Douai, 1er Février 1843, S. 1843, 2. 188)

Remarquons, d'ailleurs, que rendre aliénable la créance d'aliments, ce serait aller directement contre le but de la loi (arg. de l'art. 1004, C. pr. civ.; Nismes, 10 Déc. 1822, S. 1825, ii, 86).

Voilà pour le droit de créance lui-même ; mais que faut-il décider relativement aux arrérages de la créance ? Aucun texte n'en défend la cession ou la délégation, qui peuvent être, d'ailleurs, très-raisonnablement justifiées par les circonstances. Ainsi l'on ne saurait contester la validité de la cession et de la délégation, faites par le pensionnaire en faveur de ses fournisseurs d'aliments (Comp. Pau, 15 Avril 1801, S. 1802, 2, 228).

Le même caractère de personnalité, joint au caractère d'ordre public de la dette alimentaire, conduit à décider aussi qu'elle ne peut être l'objet d'une saisie, d'une compensation, d'un compromis, d'une renonciation. Admettre le contraire, ce serait aller directement contre le but de la loi. Examinons plus particulièrement quelques-unes de ces conséquences.

203. — Toute la fortune du débiteur est, nous le savons, le gage du créancier (art. 2092, C. civ.), et cette fortune ne comprend pas seulement les meubles corporels et les immeubles, mais aussi les créances : le créancier exproprie à son profit son débiteur des créances que ce

dernier a sur un tiers. Mais n'y a-t-il pas des créances qui devront être respectées, et qui échapperont à la saisie faite par le créancier ? Oui, certainement, et notamment les créances d'aliments (art. 581-2° et 4°). Cette disposition de la loi est fort sage, car si le créancier a des droits sur les biens du débiteur, il n'a pas sur ce débiteur droit de mort, et il ne peut, par conséquent, s'approprier la créance qui sert à soutenir la vie de son débiteur. C'est donc, nous le voyons, par raison d'humanité, que le législateur, dans l'article 581-2° et 4°, a déclaré insaisissables les pensions alimentaires; et les expressions de cet article, loin qu'elles doivent être entendues dans un sens restrictif, comprennent aussi bien les aliments dus en vertu de la loi que ceux adjugés par justice. Et remarquons que cette prohibition s'applique aux créanciers postérieurs aussi bien qu'aux créanciers antérieurs à la prestation; en effet, cette distinction entre les différents créanciers ne doit être établie que pour les aliments dus en vertu de testament ou de donation (art. 581 et 582, C. Pr. civ.).

201. — Non-seulement les aliments fournis en vertu de la loi, ou adjugés par autorité de justice, sont insaisissables, mais même les sommes et pensions données ou léguées à *titre d'aliments*, participent à ce caractère d'insaisissabilité (art. 581, C. Pr. Civ.) Cette faculté de rendre insaisissable l'objet d'une donation ou d'un legs, est très-précieuse dans certaines circonstances. Ainsi, une personne qui veut faire une donation à son parent endetté, dissipateur ou prodigue, mais qui craint que cette somme ne soit aussitôt saisie par les créanciers de ce parent, donne à sa libéralité un caractère d'insaisissabilité, en déclarant qu'il fait cette donation à *titre*

d'aliments. Les créanciers antérieurs à la donation ou au legs, n'auront aucun droit sur les sommes ainsi données ou léguées; mais, vis-à-vis des créanciers postérieurs à l'acte de donation ou à l'ouverture du legs, ces mêmes sommes n'ont pas le caractère d'insaisissabilité absolue de la dette alimentaire légale ou des provisions alimentaires adjugées par justice, car elles peuvent être saisies par ces derniers, mais seulement en vertu de la permission du juge, et pour la portion par lui déterminée (art. 581 et 582, C. pr. civ.)

205. — Au principe de l'insaisissabilité des pensions alimentaires, posé dans l'article 581 du Code de procédure civile, la loi apporte cependant une exception : l'article 582 porte, en effet, que « les provisions alimentaires ne pourront être saisies que *pour cause d'aliments.* »

Cette disposition peut être entendue en deux sens: Signifie-t-elle, par exemple, que Pierre, créancier alimentaire de Paul va pouvoir saisir la pension alimentaire que celui-ci a obtenue de son père? Ou bien faut-il l'entendre en ce sens que la pension alimentaire ne peut être saisie que par une personne devenue créancière en fournissant à crédit des aliments au bénéficiaire de la pension? Dans ce dernier cas, les personnes mentionnées dans l'article 2101-5° du Code civil : boulangers bouchers et autres fournisseurs, plus favorisés que les autres créanciers pourront saisir la pension alimentaire. C'est là, je crois, le sens qu'il faut donner à la disposition de l'art. 582. En effet, lorsqu'un individu reçoit une pension alimentaire, c'est que ses moyens d'existence sont assez faibles; aussi, à moins de cas exceptionnels, les tribunaux n'accorderont point contre lui une pension alimentaire. au profit d'un tiers, son créancier alimentaire. Ce serait, en effet, le forcer ainsi à demander lui-même à son débiteur une augmentation. Le second sens que j'ai indiqué, me parait beaucoup plus rationel et plus pratique: en principe, la créance alimentaire n'est pas saisissable; mais quand il y a eu des dettes contractées pour besoins alimentaires, rien de plus juste que d'accorder aux fournisseurs le droit de saisir directement la créance d'aliments, créance qui, par sa nature même, est destinée, d'ailleurs, au paiement de semblables dettes.

206. — De ce que la créance d'aliments, obtenue par autorité de justice ou en vertu de la loi, est insaisissable (art. 581, C. Pr. civ.), j'en conclus qu'elle n'est pas susceptible de compensation (art. 1293-3°, C. civ.)

Et, en effet, quel est le but de la compensation ? C'est l'extinction de la créance d'un individu, par suite de la présence d'une autre créance que son débiteur a contre lui. Or, la créance d'aliments ne peut s'éteindre qu'avec le besoin du créancier alimentaire (art. 209, C. civ.); donc la compensation ne saurait être admise pour la créance alimentaire, tant que dure le besoin du bénéficiaire, et dès que ce besoin disparaît, la créance alimentaire disparaît en même temps. Cette solution est dictée, d'ailleurs, par un motif d'humanité, puisque la compensation aurait pour effet de priver une personne dans le besoin de sa pension alimentaire. C'est cette même considération qui, jointe au caractère de personnalité de la dette alimentaire, me fait repousser la possibilité de transaction, de compromis, de renonciation, en matière de pensions alimentaires, et qui donne à cette dette un certain caractère d'ordre public. En ce qui concerne la transaction, notamment, il y aurait eu à craindre que le débiteur de la pension alimentaire, n'abusât de la supériorité de sa position vis-à-vis de l'ayant-droit aux aliments, pour se dispenser, moyennant une faible indemnité, de l'obligation alimentaire. Quant à renoncer à son droit aux aliments, c'est en quelque sorte renoncer à la vie, et l'homme n'a pas ce droit.

La transaction, le compromis, la renonciation dont je parle ici, ne s'appliquent, bien entendu, qu'aux demandes d'aliments *in futurum*. En effet, une fois le *quantum* de la pension fixé par un jugement ou une convention, rien ne me paraît s'opposer à ce que le créancier alimentaire puisse renoncer au droit que lui a reconnu tel jugement ou traité; ce qu'il ne peut faire, c'est engager l'avenir.

PARTIE V.

De la répétition des aliments.

SOMMAIRE :

207. Exposition de la matière.

208. Les prestations alimentaires faites en vertu de l'obligation alimentaire légale, ne donnent point lieu à une action en répétition contre celui qui a reçu les aliments, et est ensuite revenu à meilleure fortune.

209. Pas d'action en répétition non plus, au profit de celui qui a fourni les aliments, contre ceux qui auraient dû y contribuer avec lui, à raison de leur qualité de parents ou d'alliés, mais qui n'avaient pas alors les moyens de le faire.

210. L'action en répétition peut-elle être exercée par celui qui a fourni les aliments, sans qu'il y eût de sa part, obligation de la fournir ? Subdivision de la question.

211. Suite.

212. Le tiers qui a fourni les aliments, ne peut-il agir en répétition contre celui qui était légalement tenu de les fournir, qu'autant que la personne qui les a reçus, est encore vivante ?

213. L'action en répétition peut-elle être exercée par celui qui a fourni les aliments, contre la personne qui les a reçus et en a profité ?

214. Elle n'existe pas au profit de celui qui a fourni des aliments à une personne, avec l'intention de n'en point exiger le remboursement.

215. Qu'entend-on par provision alimentaire ?

207. — Nous avons à nous demander, dans cette dernière partie, si celui qui a fourni des aliments à une personne, peut exercer une action en recours ou en répétition pour se faire indemniser ? — dans quels cas ? — sous quelles conditions, ? — et contre qui cette action est admissible !

C'est là une question importante, et qui se présente souvent en matière d'obligation alimentaire; il convient donc de lui donner tous les développements qu'elle comporte. Je vais indiquer d'abord les cas où l'action est répétition est admissible d'une façon certaine à mon avis, puis j'aborderait les questions sujettes à controverse.

208. — Celui qui était tenu légalement de la dette alimentaire ne peut exercer d'action en répétition contre la personne à laquelle il a fourni des aliments, sur les biens qui ont pu advenir à celle-ci ultérieurement. En effet, ce n'est pas une simple avance qu'il a faite, un simple prêt : il n'a fait qu'acquitter sa dette; et cela est tellement vrai que l'article 209 du Code civil, l'autorise seulement à demander sa décharge pour l'avenir. Le bénéficiaire peut donc lui répondre : *meum recepi*; il n'y a donc pas lieu dans ce cas à une action en répétition (art. 1235, 1376, C. civ.)

209. — De même, si de deux personnes concurremment tenues de la dette alimentaire, une seule l'a acquittée en totalité, parce que l'autre n'était en état de rien payer, et si celle-ci arrive ensuite à meilleure fortune, la première ne pourra exercer contre elle aucune action en répétition, elle ne pourra que l'obliger à contribuer dans l'avenir à la dette d'aliments. Et, en effet, on n'est pas débiteur, quand on n'a point les moyens de secourir son parent ou allié (art. 208 et 209); donc, dans l'hypothèse que je viens de signaler, la personne qui a payé toute la pension, a payé uniquement sa dette personnelle, et non la dette d'autrui ; par conséquent, pas d'action en répétition !

210. — J'arrive maintenant à une question controversée : celle de savoir si l'action en répétition peut être exercée par celui qui a fourni les aliments, sans qu'il y eût de sa part obligation de les fournir.

Cette question est complexe ; et pour en rendre la solution plus précise et plus claire, je dégage les deux questions que sa formule contient d'une façon implicite : 1° Le tiers qui, sans y être obligé, a fourni des aliments à une personne, peut-il agir en répétition contre le parent ou l'allié de cette personne, tenu d'après la loi de lui en fournir ? 2° Peut-il agir contre la personne même qui les a reçus et en a profité ?

211. — Avant d'aborder la première question, je rappelle que ci-dessus (V. N° 108) j'ai décidé que les dettes contractées par une personne pour besoins alimentaires, devaient être mises à la charge du débiteur des aliments.

Je vais poser maintenant les principes d'où découle la solution de la question qui nous occupe.

En droit, la gestion d'affaires donne certainement une action en indemnité, contre celui dont les affaires ont été gérées utilement : l'article 1375 du Code civil ne laisse aucun doute sur ce point. Or, il est indubitable que le tiers qui a fourni les aliments, est, vis-à-vis du débiteur alimentaire, un gérant d'affaires ; donc si cette gestion a été *utile*, il y aura évidemment lieu à une action en répétition au profit du fournisseur contre le débiteur alimentaire.

Tout se résout donc ici en une question de fait : y a-t-il

eu une gestion *utile?* et la solution en est par conséquent, subordonnée aux circonstances, au profit qui en aura été retiré par le défendeur à l'action en répétition (art. 1375, C. Civ.); en un mot, elle est laissée à l'appréciation des magistrats.

Un fils a quitté le domicile paternel par esprit excessif d'indépendance, et un tiers lui a fourni la nourriture et le logement, alors que le père de son côté, lui donnait pour son entretien de l'argent qu'il dissipait follement : dans ces circonstances, je refuserai l'action en répétition ou ne l'accorderai suivant les cas que pour une partie des déboursés. La gestion a-t-elle été utile? Dans quelle mesure l'a-t-elle été? Tel sera mon critérium dans la solution de semblables questions. Ainsi encore, un père, à raison de sa modeste position, n'aurait pu fournir à son fils des aliments qu'en nature, à son feu, à sa table ; or, si des tiers ont fourni au fils la nourriture et le logement, je ne donnerai l'action en répétition que proportionnellement à la somme dont le père aura pu alors profiter « *quatenus propriæ pecuniæ pepercit.* »

212. — Ici se présente une question assez délicate : l'action en répétition contre le débiteur d'aliments, ne peut-elle être exercée, qu'autant que la personne qui les a reçus, est encore vivante.

Merlin (Rép., t. xvi, V° *aliments*, § 3, N° 5), et Duranton (t. ii, N° 423) ont adopté l'affirmative, et les arguments en faveur de leur opinion, paraissent assez spécieux :

1° Le droit de réclamer des aliments *ex officio pietatis*, est personnel, et, par suite, ne peut-être exercé par les créanciers de celui à qui ils sont dus ;

2° D'ailleurs, le décès est un obstacle à la vérification du besoin ;

3° Et enfin ce recours priverait le débiteur d'aliments du mode de prestation en nature, que la loi lui permet en certains cas (Cass. 12 Mai 1812, S. 1812. 1, 324; Cass., 17 Mars 1819, S. 1819, 1, 308).

Je n'admets pas ce système, et aux arguments qu'il présente, je réponds :

1° Sans doute, le droit de réclamer des aliments est personnel, et ne peut être exercé par les créanciers de celui à qui ils sont dus; mais à ce principe, j'apporte une exception précisément dans le cas où la dette a été légitimement contractée pour cause d'aliments ;

2° On dit que le décès de celui à qui les aliments ont été fournis, ne permet plus de vérifier s'il était ou non dans le besoin ; je réponds que cette assertion n'est rien moins qu'exacte : la preuve en sera souvent très-facile encore; et d'ailleurs, ce n'est là qu'une pure question de fait.

3° Quant au troisième argument de l'opinion contraire, il ne me touche pas du tout. En effet, est-il prouvé que le débiteur d'aliments n'aurait pu fournir une pension en argent, et aurait été autorisé à recevoir chez lui son créancier alimentaire? eh bien! son affaire n'aura pas été utilement gérée, ou elle ne l'aura été qu'en partie ; et alors, l'action en répétition ne sera point donnée, ou ne le sera que jusqu'à concurrence de la somme que la prestation en nature eût coûté au débiteur alimentaire. Mais on ne saurait prétendre que le décès de l'ayant-droit aux aliments empêche en quoi que ce soit, la formation du quasi-contrat de gestion d'affaires.

213. — Je passe maintenant à ma seconde question : l'action en répétition peut-elle être exercée par celui qui a fourni les aliments contre la personne qui les a reçus,

et qui en a profité ? J'emprunte à M. Demolombe
l'exemple le plus fréquent : Paul a mis son fils en pension
ou en apprentissage; il n'a pas payé l'instituteur ou le
maître : celui-ci a-t-il une action contre l'enfant lui-même ?
Je suppose que celui à qui les aliments ont été fournis,
n'a pas contracté envers les tiers, l'obligation de les
payer; les aliments ont été fournis au nom et par l'ordre
d'une autre personne, du père, dans l'espèce.

Il y a sur cette question, trois opinions différentes :

1re *Opinion*. Les partisans de la première opinion refu-
sent toujours au tiers qui a fourni les aliments, l'action
en répétition contre la personne même qui les a reçus et
en a profité, contre l'enfant, dans notre hypothèse, et
invoquent en leur faveur les arguments suivants : 1° Aux
termes de l'article 1165 du Code civil, les conventions
n'ont d'effet qu'entre les parties contractantes; donc le
mandat intervenu entre le maître et le père, no saurait
obliger l'enfant : *Res inter alios acta*. Et peu importe
que le mandat ait été donné dans l'intérêt de l'enfant; le
mandataire n'a d'action que contre celui avec lequel il a
contracté; 2° En vain objecte-t-on que l'instituteur ou le
maître, à défaut de l'action dérivant du mandat, doit avoir
au moins contre l'enfant, l'action dérivant du quasi-
contrat de gestion d'affaires, car cette dernière action
n'appartient qu'à celui qui a voulu gérer l'affaire d'une
personne, dans l'intérêt et en vue de cette personne
même. Pas de gestion d'affaires là où existe un mandat
formel; pas de quasi-contrat, quand il y a un véritable
contrat (Merlin, Rép., t. xvi, V° *Aliments*, § 1,
art. 1, N° 6).

2me *Opinion*. Un autre système, au contraire, semble
accorder toujours au maître et à l'instituteur, l'action en
répétition contre les enfants.

3me Opinion. Je ne crois pas le deuxième système plus fondé que le premier, et j'estime que la meilleure doctrine consiste à accorder ou refuser, selon les cas, l'action contre les enfants.

1° Je ne prétends pas assurément, que l'action en répétition dérive ici du mandat intervenu entre le maître et le père; mais bien d'un quasi-contrat de gestion d'affaires. Je n'ignore pas qu'en droit romain, on n'accordait, cette action dans l'origine, que lorsque le gérant avait eu l'intention de gérer l'affaire de la personne même que cette gestion concernait (L. 33, Dig., *De condict. indeb.*); mais ensuite, à Rome même (V. ci-dessus N° 54), on accordait, dans ce cas, l'action utile, lorsque l'équité l'exigeait « *quia œquum est in damnum eum non versari.* » (L. 45, § 2, Dig., *De negot. gest.*)

Mais, depuis longtemps on s'est départi de cette *subtilité du droit*, comme disait Pothier; et il faut reconnaître, ce me semble, une véritable gestion d'affaires, dans le fait du maître ou de l'instituteur, qui a pourvu à l'entretien et à la nourriture de l'enfant. Sans doute, ce n'est pas le mandat donné par le père, qui donne naissance à une action en répétition contre l'enfant; mais cette action naît ici à l'occasion d'un fait étranger au mandat, car enfin rien ne s'oppose à ce qu'en accomplissant le mandat d'un tiers, on gère en même temps l'affaire d'un autre. Aucun texte (art. 1372, C. civ.) ne s'oppose à ce que les magistrats voient dans le fait du maître ou de l'instituteur, un quasi-contrat de gestion d'affaires, donnant naissance à une action à leur profit, contre l'enfant qui a retiré de cette gestion, un avantage réel.

D'ailleurs, cette décision à la fois juridique et équitable, ne présente aucun danger, car l'action en répétition ne procédant que du quasi-contrat de gestion d'affaires, il faudra que cette gestion ait été utile; or, cette question toute de fait est réservée à la sage appréciation des tribunaux qui pourront, suivant les circonstances, accorder ou refuser l'action en répétition, en consultant l'équité, cette base essentielle des quasi-contrats, et, en particulier de la gestion d'affaires. Ainsi, par exemple, si le tiers qui a fourni les aliments, eût pu être remboursé par le mandant, en agissant contre lui en temps utile, il devra imputer à son incurie, à sa négligence, la perte qu'il éprouve, et ne pourra agir contre celui qui a reçu ces aliments. Dans cette hypothèse, en effet, il n'a pas utilement géré l'affaire de ce dernier. Ainsi encore, si les fournitures ont été excessives, la répétition sera réduite au montant de l'utilité qui en est résultée. (V. MM. Demolombe, *Traité du mariage*, t. ɪɪ, N° 76; Duranton, t. ɪ, N° 391 et 423; Vazeille, t. ɪɪ, N° 507 et 511; Massé et Vergé sur Zachariæ, t. ɪ, p. 235; Charles Ballot, *Revue pratique du droit français*, 1858, t. ɪv, p. 478; Cass. 17 Mars 1857, S. 1857, 1, 812).

214. — L'action en répétition, il est à peine besoin de le faire remarquer, ne saurait être accordée à celui qui a fourni des aliments à une personne, à titre gratuit, et sans aucune intention d'en exiger le remboursement « *non credendi animo, sed pietate ductus* » (L. 15, C. *De negot. gest.*). Quant à la question de savoir dans quels cas cette intention existera, à quels signes, à quelles circonstances on pourra la reconnaitre, je répondrai avec le jurisconsulte Paul: « *Hæc disceptatio in factum consistit* » (L. 34. Dig. *De negot. gest.*).

Je ferai seulement remarquer que la donation ne se présume pas, mais qu'on peut facilement attribuer à une intention de libéralité, ce qu'une personne accorde à une autre, de sa libre volonté ; et, d'autre part, que la position de fortune de celui qui a fourni les aliments comme de celui qui les a reçus, et autres circonstances de fait, seront pour les tribunaux, des motifs de décider que les aliments ont été fournis dans une intention de libéralité, et que, par suite, il n'y a pas lieu à l'action en répétition.

215. — Avant de terminer ce travail je dois dire un mot de la *provision alimentaire*.

On entend, par cette expression, la somme adjugée par la justice, ou convenue entre les parties, à titre d'aliments en attendant le résultat d'une instance qui doit établir s'il y a lieu ou non d'adjuger une pension. Cette provision se présentera notamment dans les instances en séparation de corps, et dans celles où la légitimité d'un enfant est contestée. La provision alimentaire, ainsi que j'ai déjà eu l'occasion de le dire (V. ci-dessus, N°⁵ 203 et 204) a un caractère d'insaisissabilité, expressément reconnu par les articles 581 et 582 du Code de Procédure civile.

TABLE DES MATIÈRES

POSITIONS

DROIT ROMAIN.

I. Les cas d'exhérédilation ne sont pas les seuls dans lesquels l'obligation alimentaire puisse cesser.

II. L'étude des arts libéraux ne rentre point dans l'obligation alimentaire.

III. Le fils doit des aliments à son père banni ou déporté.

IV. Même depuis Justinien, le père adoptif est tenu de la dette alimentaire vis-à-vis de l'adopté.

V. L'action en répétition d'aliments fournis par un tiers, peut, suivant les cas, être exercée contre celui qui a reçu les aliments, qu'ils aient été fournis en vertu d'un mandat ou non.

VI. L'action en aliments n'est pas populaire.

VII. On peut transiger sur les aliments futurs résultant d'une donation entre-vifs.

VIII. Les aliments futurs laissés par disposition de dernière volonté, peuvent être l'objet d'un pacte de remise gratuite.

IX. Le poste de confiance de l'héritier dispensateur est transmissible.

DROIT COUTUMIER.

I. Suivant la jurisprudence des pays coutumiers, la mère naturelle n'est pas civilement obligée de fournir des aliments à ses enfants bâtards : le père seul est tenu de cette obligation légale.

DROIT CIVIL.

I. L'authenticité de l'acte de reconnaissance d'un enfant naturel, nécessaire pour établir sa filiation, l'est également pour lui donner le droit de réclamer des aliments à ses parents naturels.

II. Les père et mère incestueux ou adultérins n'ont pas le droit d'exiger des aliments de leurs enfants.

III. L'obligation alimentaire des gendres et belles-filles envers leurs beau-père et belle-mère, s'étend aux autres ascendants par alliance.

IV. La cessation de l'obligation alimentaire entre alliés, provenant du convol de la belle-mère ou de la bru, est réciproque : l'obligation est éteinte *ex utrâque parte*.

V. L'obligation de fournir des aliments n'emporte l'obligation de payer les dettes de celui à qui les aliments sont dus, que dans le cas où ces dettes ont été contractées pour besoins alimentaires.

VI. Il n'y a pas chez nous de cas d'indignité en matière alimentaire.

VII. L'obligation alimentaire est divisible.

VIII. Elle est personnelle, et, par suite, instransmissible aux héritiers du débiteur.

IX. L'action en répétition peut, suivant les circonstances, être exercée par celui qui a fourni les aliments,
sans qu'il y eût de sa part, obligation de les fournir:
1° contre le tiers qui les a fournis, 2° contre la personne
même qui les a reçus et en a profité.

X. C'est au demandeur en aliments à prouver qu'il est
dans le besoin.

XI. Une femme séparée de fait, mais non judiciairement séparée de corps d'avec son mari, à qui son mari,
par sa mauvaise conduite ou ses procédés injurieux, a
rendu la vie commune impossible, a le droit de réclamer
de celui-ci une pension alimentaire.

XII. Les pensions alimentaires dues *ex officio pietatis*
n'arréragent pas.

XIII. Les père et mère qui sont dans l'impossibilité
de payer la pension en argent, peuvent être contraints à
recevoir chez eux leur enfant dans le besoin.

XIV. L'alternative que l'article 211 du Code civil
accorde aux père et mère, soit de fournir la pension en
argent, soit de recevoir chez eux leur enfant, n'appartient pas aux aïeuls et aïeules envers leurs petits-enfants.

XV. L'obligation alimentaire n'existe pas entre l'adoptant et les descendants de l'adopté.

DROIT COMMERCIAL.

I. L'endossement d'une lettre de change ou d'un billet
à ordre transfère, en même temps que la créance, l'hypothèque ou le privilége qui la garantit.

II. Le porteur d'une lettre de change est propriétaire
de la provision.

PROCÉDURE CIVILE.

I. L'action en réintégrande est une action possessoire soumise à toutes les conditions déterminées par l'art. 23 du Code de procédure civile, et notamment à la condition de l'annalité.

II. Un jugement étant rendu en matière de faillite, la simple signification faite au greffe, conformément à l'article 422 *in fine*, du Code de procédure civile, suffit à faire courir le délai exceptionnel de quinzaine fixé pour l'appel, par l'article 582 du Code de commerce.

DROIT ADMINISTRATIF.

I. Depuis l'abrogation de l'article 75 de la constitution de l'an VIII, un tribunal judiciaire peut statuer sur une demande en dommages-intérêts, formée contre un agent du gouvernement, à raison d'un acte administratif, sans violer le principe de la séparation des pouvoirs administratif et judiciaire.

II. L'autorité judiciaire peut non-seulement accorder des dommages-intérêts au tiers riverain d'un cours d'eau non navigable ni flottable, qui se plaint de travaux exécutés par un autre riverain en vertu d'une concession d'intérêt privé, émanant de l'autorité administrative, mais encore ordonner la suppression des travaux eux-mêmes, et le rétablissement des lieux dans leur état primitif.

DROIT CRIMINEL.

I. L'accusé acquitté en Cour d'assises peut être poursuivi en police correctionnelle à raison du même fait autrement qualifié.

11. Le témoin qui, ayant participé à un crime, n'altère les faits dont il dépose que pour ne pas s'accuser lui-même, peut même alors être poursuivi en faux témoignage.

DROIT DES GENS.

1. — Lorsqu'il y a annexion d'un territoire à un autre pays, et qu'un traité a subordonné à une option la conservation de l'ancienne nationalité, les mineurs ont le droit de faire l'option, avec l'assistance de leurs représentants légaux.

2. — La juridiction française n'est pas compétente pour statuer sur la validité ou la nullité d'une naturalisation acquise régulièrement en pays étranger, d'après les lois spéciales de ce pays, en présence du caractère de cet acte de souveraineté interne.

Vu :
Ce 22 mai 1876,
Le Président de la thèse,
DANIEL DE FOLLEVILLE.

Vu :
Ce 22 mai 1876,
Le Doyen,
BLONDEL.

PERMIS D'IMPRIMER :
Ce 22 mai 1876.
Le Recteur,
FLEURY.

5377. — Douai, Imp. L. Crépin.

9 782016 133705